Georg Huntemann

Am Anfang die Wahrheit

Die fünf Bücher Mose über das Woher und Wohin von Welt und Gemeinde

Hänssler-Verlag
Neuhausen-Stuttgart

ISBN 3 7751 0305-8

TELOS-Paperback Nr. 1124

Umschlaggestaltung: Daniel Dolmetsch
Gesamtherstellung:
St.-Johannis-Druckerei, 7630 Lahr-Dinglingen
Printed in Germany 15349/1977

Inhalt

Vorwort 7

I SEIN ODER NICHTSEIN!? 9

1. Kapitel: Schöpfung oder Chaos 11

Was hat diese Welt mit Gott zu tun? 11
Was hat der Mensch mit Gott zu tun? 18
Glauben, was man nicht begreifen kann? 18

2. Kapitel: Der erste Mensch 25

Wirklich Gottes Ebenbild? 25
Fehlkonstruktion oder Sündenfall? 29

3. Kapitel: Das verlorene Paradies 36

Vertreibung aus dem Paradies: Leben ohne Glückseligkeit 36
Kains Brudermord: – Menschheitserlöser können über Leichen gehen 39

4. Kapitel: Zwischen zwei Katastrophen 44

Babylonischer Turm: Die Angst vor dem Untergang ... 44
Arche Noah: Rettung durch den Glauben 47

5. Kapitel: Als Auserwählte überleben 51

Abraham: Am Anfang war die Erwählung 51
Glauben heißt (über)leben 54

6. Kapitel: Antwort auf Herausforderungen 59
Exkurs zum 1. Hauptteil

Ist die Welt des Teufels?–Umstrittenes »Sechstagewerk« 59, 61
– Entwicklung oder Schöpfung? – Das Sterben der Weltbilder – Die Bibel »wörtlich« nehmen? – Die »Sprache der Funde« – Die ersten Menschen: »edle Wilde« oder 64, 65 66, 68 72

»Kannibalen«? – Kains Todestrieb ist unter uns – Falsche Erlöser damals und heute – Was hat Satan mit der Schlange zu tun? – Sintflut, Lokalereignis oder Weltkatastrophe – Gab es eine Arche Noah? – Was ist ein babylonischer Turm? – »Wort Gottes« in Ur – Ein Beispiel irrender Bibelkritik – Was heißt Erwählung? 73, 74, 76, 77, 78, 80, 82, 83, 84

II DER LANGE MARSCH ... 87

1. Kapitel: Am Anfang: Aufbruch und Kampf ... 89

Joseph: Triumph der Fügung Gottes ... 89
Aufbruch aus Ägypten: Gott gegen die Götter ... 92

2. Kapitel: Die Station der Verzweiflung ... 98

Am Schilfmeer: Rettung, wo nichts zu hoffen war ... 98
Fels in der Wüste: Wider den Hader mit Gott ... 101

3. Kapitel: In der Wüste des Irrglaubens ... 105

Das Goldene Kalb: Der Versuch, »Gott in den Griff zu kriegen« ... 105
Das zweite Gebot: Es geht um die Freiheit ... 110

4. Kapitel: Die Stunde des Aufruhrs ... 113

Die Rotte Korah: Aufstand aus dem Untergrund ... 113
Alttestamentlicher Gottesdienst: Friede durch Opfer ... 116

5. Kapitel: Am Ende: Der Blick in die Zukunft ... 119

Die Zukunft ausrechnen heißt, vor der Zukunft erschrecken ... 119
Der Heilige Krieg: Glauben heißt kämpfen ... 122

6. Kapitel: Damals und heute ... 128
Exkurs zum 2. Hauptteil

Damals in Ägypten – Das Passahfest – Wie heißt Gott? – Wunder in der Wüste – Der Goldene Stier ist mitten unter uns – Alter Bund – Neuer Bund 128–130, 132, 133

Vorwort

Dieses Buch ist aus der Gemeinde und für die Gemeinde entstanden. Nur wenige Christen lesen in unserem Lande regelmäßig das Alte Testament, für viele ist es ein Buch mit tausend Siegeln. Hier soll geholfen, Liebe und Verständnis geweckt werden. Die Aufgabe war: Einführung in das A. T. und seine Welt und in den Standort des alttestamentlichen Gottesvolkes; vor allem aber: Bedeutung des im A. T. geoffenbarten Gotteswortes für die heutige Gemeinde, also für unser Christenleben in der Gegenwart.

Bedeutsame Abschnitte aus den fünf Büchern Mose wurden ausgewählt, um durch einige Beispiele Einblick und Einführung zu geben.

Es geht um den Anfang unseres Menschseins – und unseres Christseins, um die Grundordnung der Gemeinde, um die Regeln, nach denen die Welt läuft . . . einfach um die Frage aller Fragen: Woher und wozu ist der Mensch in dieser Welt? Wie ist und woher kommt und wohin geht die Gemeinde Gottes? Alle diese Fragen beantwortet das Alte Testament – am Anfang, denn die Wahrheit ist am Anfang, und sie ist auch der Anfang.

Bremen, am 30. August 1976

Georg Huntemann

I

UM SEIN ODER NICHTSEIN

1. Kapitel

Schöpfung oder Chaos?

Was hat diese Welt mit Gott zu tun?

»Am Anfang schuf Gott Himmel und Erde, und die Erde war wüst und leer, und es war finster auf der Tiefe; und der Geist Gottes schwebte auf dem Wasser.

Und Gott sprach: Es werde Licht! Und es ward Licht. Und Gott sah, daß das Licht gut war. Da schied Gott das Licht von der Finsternis und nannte das Licht Tag und die Finsternis Nacht. Da ward aus Abend und Morgen der erste Tag.« 1. Mose 1, 1–5

Die Bibel fängt an mit dem Satz: »Am Anfang schuf Gott Himmel und Erde.« Diese Welt ist also von Gott. Und der Bericht über die Erschaffung der Welt schließt: »Und Gott sah alles an, was er gemacht hatte; und siehe da, es war sehr gut« (1. Mose 1, 31).

Die Welt hat also einen Anfang, es gibt keine Ewigkeit »der Materie«. Die Welt ist weder räumlich noch zeitlich unendlich. Darüber hinaus aber wird auch gesagt, daß diese Welt eine »Qualität« hat. Diese Welt ist eine gute Welt, und sie ist gut, weil Gott gut ist.

Gott hat es mit der Welt und die Welt hat es mit Gott zu tun. Die Welt steht unter der Willensmacht Gottes. Weil Gott der allmächtige Schöpfer ist, kann nichts geschehen, was sich seinem Willen widersetzt. Nicht nur im Anfang hat sich Gott einmal mit der Welt »beschäftigt«, *sondern er erhält diese Welt auch* – und sie würde sofort ins Nichts versinken, wenn er nicht mehr wollte, daß diese Welt sei. Wenn Gott der Herr dieses Kosmos ist, dann gibt es weder *Zufall* noch blindes *Schicksal.* Nicht unter einer blinden Notwendigkeit steht diese Welt, sondern unter der Liebe und Gerechtigkeit Gottes. Triumphierend kann der Apostel Paulus schreiben: »Durch ihn, von ihm und zu ihm sind alle Dinge« (Röm. 11, 36).

Nun aber bekommt man heute eine Ohrfeige, wenn man sagt, daß der »liebe Gott« diese Welt »so herrlich regieret und führet«.

Daß ein *lieber* Gott etwas mit dieser Welt zu tun haben solle, erregt protestierenden oder zynischen Widerspruch. Man erhebt Anklage gegen den Gott, der diese Welt, so wie sie ist, geschaffen habe. Zeigt diese Welt nicht ganz eindeutig ihre Unvollkommenheit und Grausamkeit? Zweifel an oder Haß gegen Gott kommen meistens aus der Enttäuschung über diese »miserable Welt« und über das Leben, das zu dieser Welt gehört.

In Dostojewskis Roman »Die Brüder Karamasow« streiten der Mönch Aljoscha und der Zweifler Iwan über Gott und die Welt. Iwan Karamasow sagt zu seinem Bruder:

»Nun, so stelle dir denn vor, daß ich im Endresultat diese Gotteswelt nicht akzeptiere, obwohl ich weiß, daß sie existiert. Nicht Gott akzeptiere ich nicht, begreife das – ich akzeptiere die von ihm geschaffene Welt nicht und kann nicht darauf eingehen, sie zu akzeptieren.«

Iwan Karamasow bringt ein Beispiel, das seine Ablehnung begreiflich machen soll.

»Es gab damals zu Anfang des Jahrhunderts einen General, einen General mit hohen Verbindungen, der ein reicher Gutsbesitzer war, doch einer von den Leuten – sie waren allerdings auch schon damals nicht zahlreich gesät – die, wenn sie sich nach dem Dienst zur Ruhe setzten, beinahe überzeugt waren, daß sie das Recht über Leben und Tod ihrer Untertanen erworben haben. Es gab damals solche. Nun, da lebte der General auf seinem Gute mit zweitausend leibeigenen Seelen, tut groß, traktiert seine armen Menschen wie Schmarotzer und Hofnarren, er hat einen Hundestall mit Hunderten von Hunden und fast hundert Hundewärter. Alle uniformiert, alle beritten. Und nun wirft einmal ein Hofjunge, ein kleiner Knabe von nur acht Jahren, beim Spielen einen Stein und verletzt den Fuß des Lieblingsjagdhundes des Generals. ›Warum lahmt mein Lieblingshund?‹ Man meldet ihm, daß, so und so, dieser Knabe da nach dem Hund mit einem Stein geworfen und dessen Fuß verletzt habe. ›Ah, du bist es?‹ sagt der General und mißt den Knaben. ›Greift ihn!‹ Man griff ihn, nahm ihn von der Mutter fort und sperrte ihn über Nacht ins Loch. In aller Frühe reitet der General in voller Parade zur Jagd, rings um ihn Schmarotzer, Hunde, Hundewärter, Vorreiter, alle beritten. Ringsum ist das Gesinde zur Erbauung des

Gemütes versammelt, und vor allen anderen steht die Mutter des schuldigen Knaben. Da wird der Knabe aus dem Loch geführt. Ein trüber, kalter, nebliger Herbsttag, famos zur Jagd. Der General befiehlt, den Knaben zu entkleiden, das Kindchen wird bis auf die Haut entkleidet, es zittert, es ist vor Angst wie von Sinnen, wagt nicht, den Mund aufzumachen . . . ›Hetzt ihn!‹ kommandiert der General. ›Lauf, lauf!‹ schreien dem Knaben die Hundewärter zu; der Knabe läuft . . . ›Faßt ihn, faßt ihn!‹ brüllt der General und läßt auf ihn die ganze Meute der Windhunde los. Er hat ihn vor den Augen der Mutter zu Tode gehetzt, und die Hunde haben ihn zerrissen! . . . Der General wurde, glaube ich, unter Kuratel gestellt.«

Nachdem Iwan Karamasow diese Geschichte erzählt hatte, kommentierte er sie so: »Wisse, Novize, daß der Unsinn auf Erden mir allzu nötig ist! Auf Unsinn beruht die Welt, und ohne ihn wäre in ihr vielleicht gar nichts vorgegangen. Wir wissen, was wir wissen!«

Was soll man dieser Anklage entgegenhalten? Man könnte sagen (und viele sagen es immer wieder und immer noch), daß diese Welt doch als solche in Ordnung sei, daß nur die Sünde Leid in diese Welt hineingebracht habe. Die Welt sei gut, nur der Mensch sei böse.

Die solches sagen, wissen nicht, daß auch die »unschuldige Kreatur« leidet. Tiere und Pflanzen leben unter dem bitteren Gesetz des Kampfes um das Dasein. Hier siegen nicht Liebe und Gerechtigkeit, sondern die Kraft des Stärkeren. Tierpsychologen haben erkannt, daß das Gefühl der Angst wohl das stärkste Gefühl bei allen Lebewesen ist. Stärker als das Gefühl der Fortpflanzung, als Hunger und Durst.

Hören wir noch einmal Dostojewski, der den Zweifel an Gott vielleicht wie kein anderer Zeitgenosse seines 19. Jahrhunderts durchlitten hat. In seinem Roman »Dämonen« sagt der Gotteszweifler Kirillow: »Die Gesetze des Planeten sind selbst Unwahrheit und eine vom Teufel ersonnene Komödie. Wozu soll man also leben? . . . Das Leben wird einem jetzt gegeben zum Zwecke des Schmerzes und der Furcht, und hierin steckt der ganze Betrug. Jetzt ist der Mensch noch nicht der richtige Mensch. Es wird einen neuen Menschen geben, einen glücklichen und stolzen Menschen. Wem es egal sein wird, ob er lebt oder nicht, der wird ein neuer Mensch sein.

Wer den Schmerz und die Furcht überwindet, der wird selbst ein Gott sein. Und jener Gott wird dann nicht sein . . . Gott existiert nicht . . . Gott ist der Schmerz und die Todesfurcht. Wer den Schmerz und die Todesfurcht überwindet, der wird selbst ein Gott. Dann wird ein neues Leben sein und ein neuer Mensch; alles wird neu sein . . . Dann wird man die Geschichte in zwei Teile teilen: Vom Gorilla bis zur Vernichtung Gottes und von der Vernichtung Gottes bis zur physischen Umgestaltung der Erde und bis zur physischen Umgestaltung des Menschen. Der Mensch wird ein Gott sein und wird sich physisch umgestalten. Auch die Welt wird sich umgestalten – und die Gedanken und alle Empfindungen.«

Der Inhalt dieser Prophetie aus dem 19. Jahrhundert:

1. Dostojewski prophezeit die Gott-ist-tot-Theologie der Mitte dieses Jahrhunderts. Der Mensch ist ein Rebell gegen die Welt, die Gott geschaffen hat.

2. Der neue Mensch wird ohne Schmerz und Furcht sein, also ohne Leiderfahrung und Ehrfurcht vor Gott. Es wird der Mensch der grenzenlosen Gleichgültigkeit sein mit der vereisten Seele. Auch dieser Mensch fängt schon an, heute Wirklichkeit zu werden.

3. »Diese Welt muß total verändert werden.« Wie haben sich diese Prophezeiungen erfüllt! Dostojewski erahnte im 19. Jahrhundert den Überfall der Technokratie über diese Erde. Die physische Umgestaltung auch des Menschen hat er vorhergeahnt. Aber er wußte wohl nicht, wie schnell und bis zu welchem Grade der Selbstzerstörung dieses Unternehmen wirklich in Gang gebracht werden würde.

»Diese Welt hat nichts mit einem Gott zu tun.« *Das ist das Dogma der Glaubenslosigkeit unserer Zeit.*

Jean Jacques Monod hat in diesem Jahrzehnt in seinem Buch »Zufall und Notwendigkeit« diese Welt als eine Welt ohne Sinn, Moral und Liebe vorgestellt. Dieser Kosmos – so meint der französische Naturphilosoph – habe weder Plan noch Ziel, und es gäbe natürlich keinen Gott. Zufall und Notwendigkeit regierten diese Welt. Da seien eherne Gesetze, nach denen sich das Leben der Sterne und der Mikroben abspiele. Aber diese Gesetze, die wir weder verstanden noch begriffen hätten und auch nicht übersehen könnten, hätten kein Mitleid, kein Gefühl und keine ethischen Normen. Einsam ist der Mensch in einer Welt, die ihn nicht versteht. Er lebt in ihr wie ein »Zigeuner im All«. Mit diesen Realitäten müsse man sich abfinden, meint Monod. Gott – das sei nur ein Traum gewesen – und nicht einmal ein schöner Traum.

Was sollen wir auf diese Herausforderungen antworten?

Ein Mißverständnis der Bibel und insbesondere des Schöpfungsberichtes ist auch (natürlich nicht nur) Schuld daran, daß man nicht erkennt, daß diese Welt von Gott erschaffen wurde und erhalten wird. Wir haben oft und gern den biblischen Schöpfungsbericht idyllisch mißverstanden in dem Sinne, daß Gott eine schöne und liebe Welt geschaffen habe, in die nur hin und wieder der böse Mensch etwas Unordnung hineingebracht habe. Aber gerade das ist nicht die Aussage des biblischen Schöpfungsberichtes. Im zweiten Vers des Schöpfungsberichtes heißt es, daß die Erde *wüst und leer* war. Es steht im Hebräischen Tohu wa bohu, das heißt Wüste und Leere. Dann lesen wir weiter, daß es »finster auf der Tiefe« war. Für Tiefe steht im hebräischen Urtext Tehum. Unser Verständnis vom Verhältnis zwischen Gott und Welt hängt davon ab, wie wir diese Aussagen beurteilen. Halten wir also daran fest: Am Anfang schuf Gott Himmel und Erde, aber dann kamen das Wüste und die Leere auf diese Welt. Dieses »wüst und leer« bedeutet nicht, daß die Welt noch nicht fertig und noch ungeordnet gewesen wäre. Es gibt eine andere, harte Wahrheit: Eine von Gott ursprünglich vollkommen geschaffene Welt ist durch die Macht des Bösen überfallen, vernichtet und dadurch »wüst und leer« geworden.

Der holländische Theologe und Naturwissenschaftler W. J. Ouweneel schreibt in seinem Buch »Gedanken zum Schöpfungsbericht« (1974): »Der Ausdruck ›Wüstheit und Leere‹ (es sind in der Tat Hauptwörter und nicht Eigenschaftswörter) kommt außer hier nur noch zweimal im Alten Testament vor, nämlich in Jesaja 34, 11 und in Jeremia 4, 23. Es ist sehr bedeutsam, daß an beiden Stellen Wüstheit und Leere einen Zustand von Verfall andeuten, der die Folge des Gerichtes Gottes ist. In Jesaja 34 lesen wir, daß Gott die ›Meßschnur der Öde und das Senkblei der Leere‹ über Edon zieht wegen ihrer Sünden. Und in Jeremia 4 schildert der Prophet das Land, nachdem es wegen der Sünden Israels verwüstet ist: ›Ich schaue die Erde an, und siehe, sie ist wüst und leer; und gen Himmel, und sein

Licht ist nicht da.‹ Nun möchte ich fragen, sollte die Wüstheit und Leere im 1. Mose 1, 2 dann nicht die Folge von Verfall und Verderben sein? . . . Für jeden, der weiß, wie genau und konsequent der Wortgebrauch der Schrift ist (inspiriert durch Gottes Geist), ist dies keine Frage. Das Wort bohu für Leere kommt sonst im Alten Testament nicht vor. Aber »Wüstheit« (Tohu, abgeleitet von »erschreckt« oder »in Bestürzung versetzt werden«) findet man an noch vielen anderen Stellen in Verbindung mit Verfall und Verderben, oft als Folge von Gerichten; siehe zum Beispiel 5. Mose 32, 10; Hiob 26, 7; Jesaja 24, 10 – es ist der Ort, wo kein Weg ist (Hiob 6, 18; 12, 24; Ps. 107, 40).

Ouweneel folgert aus dem Schöpfungsbericht, daß diese Welt nicht als Tohu und bohu aus der Schöpferhand Gottes hervorgegangen sein kann. Er weist dann noch auf eine Stelle, in der der Prophet Jesaja sagt (45, 18): Gott habe die Erde nicht als »eine Öde (Tohu) geschaffen«, sondern »um bewohnt zu werden, hat er sie gebildet.«

Im Schöpfungsbericht lesen wir weiter (1. Mose 1, 2), daß es *finster war auf der Tiefe.* Finsternis und Tiefe haben eine umfassendere Bedeutung, als man zunächst im versachlichten modernen Sprachgebrauch annehmen möchte. Ouweneel bemerkt, daß »Finsternis« stets mit dem Bösen und dem Gericht in Verbindung steht. Dabei verweist er auf Hiob 10, 21; Psalm 107, 10; Jesaja 9, 1 und auf folgende Stellen im Neuen Testament: Matthäus 27, 45; Lukas 22, 53; Johannes 1, 5; Epheser 4, 18; 5, 11; 13, 1 und 1. Petrus 2, 9. Über den Ausdruck Tiefe schreibt er: »Die Wassertiefe, die dann in unserem Vers genannt wird, hat in der Schrift fast immer eine ungünstige Bedeutung. Es ist die unermeßliche tiefe Wassermenge, der Abgrund der Erde . . . und es sind diese ungeheuren Wassermengen (Ps. 33, 7), mit denen Gott später in den Tagen Noahs die Erde zum Gericht bedeckte.«

Fassen wir das Ergebnis zusammen:

Diese Welt steht zwischen Sein und Nichtsein. Gottes gute Schöpfung wurde angefallen durch die Macht des Bösen. Alles was existiert, steht im Schatten der Verderben bringenden, bösen Macht.

Das können wir mit unserem Logos nicht »begreifen«. Aber die Realitäten dieser Welt, die harten Tatsachen unseres Daseins, finden wir ausgesprochen im biblischen Realismus. Und dieser biblische Realismus sagt, daß die gute Schöpfung Gottes von Anfang an von der Macht des Bösen überfallen und verdorben wurde. Das Wüste, die Leere, die Finsternis, die Tiefe, das Abgründige dieser Welt sind die grausamen Schatten, die über Gottes gute Schöpfung hergefallen sind.

Aber – so fragen wir – wie kann es dann am Schluß des Schöpfungsberichtes heißen: »Und Gott sah alles an, was er gemacht hatte; und siehe da, es war sehr gut.« (1. Mose 1, 31). Meine Antwort ist einsichtig: *Dieses Gute* ist hineingeschaffen in die verwüstete Schöpfung. Am Anfang stand die gute Schöpfung, die von der Macht des Bösen verwüstet wurde. Gott scheidet dann das Licht von der Finsternis. Er trennt die oberen Wasser von den unteren Wassern. Er bringt in das Chaos die Ordnung, und wo Leere (das »Wüste«) ist, schafft er *Leben.*

Aber diese gute Schöpfungstat Gottes hebt das Verderben durch die Macht des Bösen nicht auf! Diese Welt bleibt eine zwiespältige Welt, weil die Schatten der Finsternis bleiben! Diese Welt steht am Rande der Katastrophe, und nur durch die bewahrende Gnade Gottes wird sie vom Untergang in das Nichts zurückgehalten. Nur einen Augenblick hält Gott seine bewahrende Hand zurück – und die Fluten der Chaosmacht fallen über diese Erde, und es ist nur die Arche Noah, die das Leben retten kann. Durch die ganze Bibel hindurch geht die Erkenntnis, daß die Welt zwischen Sein und Nichtsein steht, und daß nur Gott selbst durch seine erhaltende und bewahrende Macht diese Erde davor bewahrt, in das Chaos zurückzufallen.

Da gibt es keine Idylle in den biblischen Aussagen über Anfang und Wesen dieser Welt. Es bleiben Krankheit, Angst der Kreatur und alle Katastrophen der zwiespältigen Natur. Aber diese gute Botschaft will der Schöpfungsbericht verkündigen: Das Gute und Bewahrende, das Regiment Gottes steht schützend, helfend, heilend und bewahrend über allem. Ohne dieses bewahrende und heilende Schöpfungshandeln Gottes würde dieser Kosmos zugrundegehen. Und er wird eines Tages untergehen, wenn Gott der Welt ein Ende setzt, wenn sie im Gericht untergeht und dann ein neuer Kosmos: ein neuer Himmel und eine neue Erde geschaffen werden.

Verstehen wir es recht: Es geht hier nicht um einen Dualismus, das heißt um den ewigen Kampf zweier Prinzipien, so, als wenn von Ewigkeit her die Macht des Bösen neben der Macht des Guten stünde, Satan und Gott von Ewigkeit her im Kampf gegeneinander wären. Der Schöpfungsbericht besagt eindeutig: Am Anfang war die gute Schöpfung Gottes. Aber für uns unerklärlich und unbegreiflich gibt es die Macht der Zerstörung, die über das Geschaffene Gottes hergefallen ist. Und durch sie kam das Wüste und Lere, der Abgrund und die Finsternis. Aber Gott – und genau das will der Schöpfungsbericht sagen – wirkt ordnend, heilend und bewahrend in diese von der Macht des Bösen angefallene Schöpfung hinein.

Solange diese Welt besteht, das heißt bis zu ihrem Ende bei der Wiederkunft Christi, wird es die vollkommen gebliebene Schöpfung, die vollkommene Erde und den vollkommenen Kosmos nicht geben. Das Gute ist immer nur die Bewahrung vor dem Untergang in das Chaos der Zerstörung.

Was hat der Mensch mit Gott zu tun?

Ohne den Glauben an die Offenbarungen Gottes in der Schrift wären wir in der Tat »Zigeuner in einem sinnlosen Weltall«, wie es Jean Jacques Monod sieht. Ohne den Glauben an Gott, der diese Welt heilend bewahrt, wäre – wie Dostojewski seinen Kirillow sagen läßt – der ganze Planet Unwahrheit und dumme Verhöhnung, eine »vom Teufel ersonnene Komödie«.

Vollkommenheit ist das Ziel Gottes. Unsere Welt und alles in ihr steht zwischen Sein und Nichtsein – aber nicht für alle Ewigkeit. Denn diese Welt vergeht, und wir warten auf einen neuen Himmel und eine neue Erde, in welchen Gerechtigkeit wohnt (2. Petr. 3, 13).

Glauben, was man nicht begreifen kann

> So wurden vollendet Himmel und Erde mit ihrem gewaltigen Heer. Und so vollendete Gott am siebenten Tage seine Werke, die er machte, und ruhte am siebenten Tage von allen seinen Werken, die er gemacht hatte.
> 1. Mose 2, 1–2

Ist die Welt wirklich in sechs Tagen von Gott geschaffen worden? Haben wir nicht gelernt, im Blick auf die Entstehung der Welt mit

Milliarden von Jahren zu rechnen? Bekennt nicht das eherne Dogma der Evolutionstheorie, daß sich eben alles in riesigen Zeiträumen von primitiven Anfängen zum Höheren hin entwickelt habe?

Ist die Welt der Bibel nicht eine kleine, überschaubare Welt, die mit dem, was wir heute an Unermeßlichkeiten des Weltalls ergründet haben, gar nichts mehr zu tun hat?

Wird in der Bibel die Erde nicht als flache Scheibe verstanden, über der sich so etwas wie eine Käseglocke wölbt, an der dann Sonne und Sterne befestigt sind? Ist dieses Weltbild nicht kindlich naiv, wenn man dann annehmen soll, daß in dieser Glocke Löcher sind, durch die die »oberen Wasser« hindurchlaufen, damit es auf der Erde regnen kann? Ist es nicht vom Standpunkt unserer naturwissenschaftlichen Erkenntnisse völlig absurd, sich vorzustellen, daß diese »Scheibe« Erde auf riesigen Pfeilern in einem Weltozean ruht, so wie heute Ölbohrstellen in der Nordsee?

Sind nicht auch die Einflüsse anderer Religionen auf den Schöpfungsbericht der Bibel unverkennbar? Hat nicht der Ausdruck »Tiefe« seinen Ursprung in der babylonischen Religion? Hören wir nicht, daß nach den Überlieferungen dieser Religion aus dem Leichnam des Drachens, mit dem ein Gott kämpfen mußte und den er besiegt hat, die Erde gestaltet wurde?

Nur zu oft wird man auf diese Fragen Auskünfte hören, die alle den Sinn haben, es gehe im Schöpfungsbericht der Bibel nicht um die vielen äußeren Dinge (*was* die Welt sei oder *wie* sie entstanden sei), sondern ausschließlich darum, auszusagen, daß am Anfang Gott diese Welt geschaffen habe.

Nur darauf – sagt man – käme es an. Der Inhalt, nicht die Form der Schöpfung sei wesentlich. Ein Gott als Schöpfer der Welt – das ist die Wahrheit, der »Rahmen«; das *Sechs-Tage-Werk* und das biblische *Weltbild* – das alles sei nur zeitbedingt und unwesentlich.

Bei dieser Art leichtfüßigen Denkens müßte man dann allerdings auch sofort fragen, wieso dann nicht auch der Glaube an Gott, der diese Welt geschaffen hat, zeitbedingt sei. Heißt zeitbedingt nicht letzten Endes, daß eben jede Aussage der Bibel ihre begrenzte Wahrheit jeweils nur für eine begrenzte Zeit gehabt habe?

Entweder die Bibel ist in der Ganzheit ihrer Aussagen Wahrheit oder sie ist es überhaupt nicht. Die Wahrheit ist unteilbar. Daß Gott die Welt geschaffen hat, hätte die Bibel auch einfacher sagen können. Es geht aber im Schöpfungsbericht nicht nur darum, *daß* Gott die Welt geschaffen hat! Sondern es ist eben genauso wichtig, *wie* Gott in diese Welt einwirkt, wie diese Welt vor Gott dasteht und was Gott mit dieser Welt damals tat, heute tut und morgen tun will!

Aber können wir diese biblischen Aussagen ungekürzt und ungebrochen in unsere Zeit übernehmen?

Seit dem vorigen Jahrhundert standen drei Säulen wie eherne Dogmen gegen den Schöpfungsbericht der Bibel: Statt von einem Anfang der Welt sprach man von der Ewigkeit der Materie. An die Stelle der räumlichen Endlichkeit der geschaffenen Welt trat die Unendlichkeit der Materie; Gott bekam »Wohnungsnot«. Anstelle der Freiheit Gottes, der diese Welt geschaffen hat und sie erhält, sprach man von der Unerbittlichkeit der Naturgesetze, in denen der freie Wille Gottes »keinen Platz« mehr habe.

Alles war nach diesem Weltbild in der riesigen Maschinerie eines Kausaldeterminismus programmiert. Alles dachte man sich durch eine unentrinnbare Kette von Ursache und Wirkung vorherbestimmt. Das Weltall wurde zu der Zeit, als die Maschinentechnik entstand, selbst als eine riesige Maschinerie aufgefaßt.

Heute sind diese Aussagen – die sich einmal als wissenschaftlich ausgaben – längst für jedes redliche und freie Denken und Forschen zusammengebrochen.

Aber bevor wir darüber nachdenken, was man heute über die Entstehung der Welt im Bereich der Naturwissenschaft zu wissen meint, soll das sogenannte »primitive« Weltbild der Bibel von der Bibel selbst als Phantasieprodukt entlarvt werden.

Es ist einfach falsch, wenn man sagt, daß sich die Bibel die Erde als eine Art Scheibe vorstellt, die von Säulen getragen wird und von einer Art Glocke überwölbt wird. Die Bibel hat überhaupt kein Weltbild, oder – wie W. J. Ouweneel es ausdrückt – sie hat keine Kosmographie. Sie bringt keine Beschreibung des Weltalls und seiner Entstehung. Darüber wundern wir uns nicht, denn es ist im zweiten Gebot ausdrücklich verboten, sich von Gott ein Bildnis oder Gleichnis zu machen. Die Konsequenz dieses Gebotes ist aber auch, daß man sich kein Bild darüber machen kann oder darf, was diese von Gott geschaffene und erhaltene Welt eigentlich ist. Die Bibel unterscheidet sich von den anderen Religionen gerade dadurch, daß sie kein Weltbild gibt.

Dazu einige Einzelheiten: Im Hinweis auf Jesaja 40, 22 und Hiob 22, 14 kommt Ouweneel zu dem Ergebnis, daß die Erde im Alten Testament als eine frei im Himmelsraum hängende Kugel verstanden wird. Die Grundfesten oder Pfeiler, auf denen angeblich die Erde ruhen soll wie eine Bohrinsel in der Nordsee, sind in der Sprache des Alten Testamentes nichts anderes als die feste Fundamentierung der Erdoberfläche durch das Erstarrungsgestein (Ps. 104, 5 und Hiob 38, 4). Die »oberen« und »unteren« Wasser sind nicht jene Wasser, die sich unter, beziehungsweise über der sich über die Erde wölbenden Glocke sammeln. Vielmehr ist ganz schlicht das Wasser gemeint, das unter der Erdoberfläche liegt, eben das Meer, die Seen oder Flüsse, deren Wasserspiegel niedriger ist als die Erdoberfläche. Und die höheren, die oberen Wasser sind nichts anderes als das Wasser der Atmosphäre, die unseren Planeten umschließt, und ohne die das Leben auf dieser Erde undenkbar wäre. Jeder Versuch also, die Bibel in ein primitives Weltbild hineinzupressen, ist eine Remythologisierung, das heißt ein Versuch, der Bibel ein Weltbild überzustülpen, was sie gerade bekämpft.

Nachdem nun gesagt ist, daß die Bibel kein – schon gar nicht ein »primitives« – Weltbild hat, fragen wir nach dem »modernen, wissenschaftlichen Weltbild«, das der Bibel – wie man so gerne sagt – widerspricht.

Wie kommen wir zu wissenschaftlichen Weltbildern? Kommen wir nur durch »Forschungsergebnisse« zu unserem Wissen über die Welt? Nur Naive können sich wissenschaftliche Theorien oder gar Weltbilder auf diese Art und Weise entstanden denken. Die Lehre von der Ewigkeit der Welt oder von der Entwicklung (Evolution) des höheren Lebens aus dem niederen Leben ist nicht durch den Zwang der Tatsachen entstanden, sondern durch Theorie. Ähnliche Anschauungen oder Theorien gab es vor Tausenden von Jahren. Ouweneel schreibt: »Unsere westliche Kultur basiert auf der Kultur der alten Griechen. Was haben sie uns über die Schöpfung gelehrt? Nichts anderes als ganz gewöhnliche, alltägliche Evolutionslehre.

Es gibt nichts Neues unter der Sonne. Die Evolutionslehre ist schon so alt, wie die älteste Naturphilosophie (500–600 v. Chr.). Thales lehrte, das Wasser sei der Urstoff, aus dem die Welt entstanden sei. Für Heraklit war es das Feuer, für Anaximenes die Luft. Pythagoras meinte, die Zahl sei das Urprinzip aller Dinge. Anaximander lehrte, die Tiere hätten sich unter dem Einfluß von Hitze und Wolkentätigkeit aus der Erde entwickelt. Empedokles (ca. 450 v. Chr.) äußerte, die menschlichen Körperteile hätten zuerst ein separates Dasein geführt und sich dann allmählich aneinandergefügt. Auch Plato und Aristoteles (4. Jh. v. Chr.) kannten den Schöpfungsgedanken nicht und brachten eine Art Evolutionslehre. Und laßt uns sie deswegen nun nicht zu hart verurteilen! Um 1600 schrieb der südniederländische Chemiker J. B. von Helmont noch, daß Mäuse aus Lumpen entstehen können. Und der moderne Neodarwinismus ist um keinen Deut vernünftiger, wenn er uns glauben machen möchte, die ganze Schöpfung mit allen lebenden Organismen habe sich wirklich durch nichts anderes als durch blinden Zufall aus der Urmaterie entwickelt.«

Die Schöpfung aus dem Nichts durch den einen Gott kennt nur die Bibel. Der Apostel Paulus bezeugt den Gott, der da lebendig macht die Toten und ruft dem, was nicht ist, daß es sei (Röm. 4, 17). Und im Hebräerbrief hören wir: »Durch den Glauben erkennen wir, daß die Welt durch Gottes Wort gemacht ist, so daß alles, was man sieht, aus nichts geworden ist.« Und diese Aussage der Bibel ist nicht erst seit heute, sondern seit eh und je, früher durch Religion und Philosophie, heute unter dem Anspruch des wissenschaftlichen Weltbildes verneint worden. Wer da meint, daß es erst heute einen Konflikt zwischen dem Glauben der Bibel und dem Weltbild des Menschen gäbe, irrt. Er irrt heute um so mehr, als die moderne Naturwissenschaft immer mehr vor dem Anspruch, ein Weltbild zu finden, kapituliert.

Noch nie hat die Naturwissenschaft biblischer Erkenntnis über die Welt so nahe gestanden wie heute.

Daß Leben von selbst – sagen wir durch Zufall – entstanden sei, ist heute eingestandenermaßen fast absolute Unwahrscheinlichkeit – anders als paradox kann man es nicht nennen. Der Naturforscher Dirack hat ausgerechnet, daß die Chance, daß Leben durch Zufall entstanden sei, eins zu zehn hoch hundert sei. Anders ausgedrückt:

Es ist einfach das Undenkbare, daß Leben »von selbst« entstanden ist.

Daß die Materie von Ewigkeit her sei, wird heute kaum noch ein Naturforscher behaupten. Allgemein neigt man zu der Auffassung, daß das Universum aus einer Kugel von Energie gleichsam durch einen atomaren Urknall – also durch eine Energieentladung unvorstellbaren Ausmaßes – seinen Anfang genommen habe. Am Anfang ist also die Energie. Im griechischen Wortsinne heißt Energie auch Wille. Welcher Wille? Woher der Wille? Die Bibel sagt, daß es der Wille Gottes gewesen ist, aus dem heraus die Welt geschaffen wurde. Für den biblischen Glauben ist das kein unbekannter, unheimlicher oder verborgener Wille, keine Schicksalsmacht – sondern der im Wort offenbar gewordene Wille Gottes.

Alexander Seibel zitiert in seinem Buch »Relativitätstheorie und Bibel« (1974) die Stellungnahme von Robert Lukas zu Arthur Koestlers interessantem Werk »Wurzel des Zufalls«: ». . . aber was, bitte sehr, ist denn von den Naturgesetzen der klassischen Physik übriggeblieben, seitdem ihr die Physiker dieses Jahrhunderts praktisch den Garaus gemacht haben? Selbst das Rutherford-Bohrsche Atommodell, dieses Sonnensystem en miniature, auf das unsere Väter so stolz waren, gehört heute zum physikalischen Trödlerkram.« . . . und was wir heute vorfinden, ist dieses: Eine völlig surrealistische Welt, in der der Raum gekrümmt ist und Masse und Energie nur verschiedene Erscheinungsformen ein und desselben Dinges sind; in der alle Materie praktisch aus leerem Raum besteht und in der sich die über hundert wissenschaftlich mehr oder weniger definierten subatomaren Elementarteilchen in einer höchst kuriosen Weise benehmen: sie sind anscheinend, wie Sir William Bragg es sarkastisch ausdrückte, »am Montag, Mittwoch und Freitag *Wellen* und am Dienstag, Donnerstag und Sonnabend *Partikel* . . . In dieser bizarren, subatomaren Welt hat das Gesetz der Kausalität keine Geltung«.

Es ist also nichts mit der programmierten »Weltmaschinerie Materie«, die das ganze Weltall erfüllt und deren Gesetze wir genau voraussagen und bestimmen können. Wir sind heute bescheidener geworden durch den Gang der Erkenntnisse in der modernen Naturforschung. Es gibt keine »faßbare Materie«, und es gibt auch keine überschaubare Kette von Ursache und Wirkungen. Wir leben wissenschaftlich »bescheidener«. Wir können jedenfalls »dieses oder jenes« beschreiben, und wir wissen, daß »dieses oder jenes« so oder so auf unsere Experimente antwortet. Aber die Dinge haben wir nicht in der Hand. Die Welt ist für uns unfaßbar und unbegreiflich geworden. Es gibt kein Weltbild der Bibel, es gibt aber auch *kein Weltbild der Naturwissenschaft.*

Ohne das Wort Gottes an uns und ohne unsern Glauben daran müßten wir an dieser Welt verzagen. Sie hätte irgendwo angefangen, sie würde irgendwie aufhören, und ihr »Funktionieren« in einer Weise, die uns unverständlich und schmerzlich ist, würde durch die Sinnlosigkeit unerträglich. Aber der biblische Glaube deutet den Zusammenhang Gott – Welt – Mensch in dem Sinne, daß wir fröhlich wissen und es auch ebenso fröhlich leben dürfen, daß Gott diese Welt in ihrer Zwiespältigkeit dennoch bewahrt, daß Gott diese Welt regiert, auch wenn wir sie nicht in ein für uns begreifbares Bild hineinpressen können.

Fröhliche Botschaft des biblischen Schöpfungsberichtes ist, daß weder das Weltall noch wir selbst einsam im »Nichts« hängen. Wir leben nicht im grausamen Spiel von Zufall und Notwendigkeit, sondern aus der Hand und unter dem Regiment Gottes.

2. Kapitel

Der erste Mensch

Wirklich Gottes Ebenbild?

> »Es war zu der Zeit, da Gott der HERR Erde und Himmel machte. Und alle die Sträucher auf dem Felde waren noch nicht auf Erden, und all das Kraut auf dem Felde war noch nicht gewachsen; denn Gott der Herr hatte noch nicht regnen lassen auf Erden und kein Mensch war da, der das Land bebaute. Aber ein Nebel stieg auf von der Erde und feuchtete alles Land. Da machte Gott der HERR den Menschen aus Erde vom Acker und blies ihm den Odem des Lebens in seine Nase. Und so ward der Mensch ein lebendiges Wesen.« 1. Mose 2, 4–7

Der biblische Bericht über die Erschaffung des Menschen wird in 1. Mose 1, 27 so zusammengefaßt: »Und Gott schuf den Menschen zu seinem Bilde, zum Bilde Gottes schuf er ihn.«

Damit ist ausgesprochen, daß der Mensch unmittelbar, so wie er heute noch existiert, von Gott geschaffen wurde und deswegen unantastbar ist.

In einer Fernsehdiskussion anläßlich der berühmten Darwin-Jahrhundertfeier an der Universität Chicago 1959 (vgl. H. M. Morris »Evolution im Zwielicht«, 1974) erklärte der Starwissenschaftler Sir Julian Huxley:

»Das erste, was wir über Darwins Theorie sagen wollen, ist, daß sie nicht länger eine Theorie, sondern eine Tatsache ist. Es gibt keinen ernst zu nehmenden Wissenschaftler, der ableugnete, daß die Evolution tatsächlich stattgefunden hat, genausowenig wie er die Tatsache leugnet, daß sich die Erde um die Sonne bewegt . . .«

Die Annahme, daß alle Lebenwesen sich aus einer Zelle entwickelt haben im Kampf um das Dasein, von der einfachsten bis zu der kompliziertesten Form, von der Amöbe bis zum Menschen, soll also als wissenschaftlich bewiesen gelten.

Was aber geschieht mit der Aussage der Bibel, daß der Mensch Gottes Ebenbild ist?

Dazu sagte in jener Runde angesehener Forscher unwidersprochen Julian Huxley:

»Der Darwinismus verbannte die ganze Idee, daß Gott der Schöpfer der Organismen sei, aus dem Bereich der vernünftigen Diskussion. Darwin zeigte auf, daß kein übernatürlicher Planer nötig war. Da die natürliche Auslese jede bekannte Lebensform zu erklären vermochte, gab es keinen Platz für eine übernatürliche Macht in deren Entwicklung . . . Es gab keinen plötzlichen Augenblick während des Ablaufs der Evolution, an dem etwa Geist in das Leben eingeflößt wurde, genausowenig wie es einen einzelnen Moment gab, an dem dies für Sie geschah . . . Ich glaube, wir können jeden Gedanken eines übernatürlichen, kontrollierenden Verstandes, der für den Entwicklungsvorgang verantwortlich wäre, fallen lassen.«

Heute hat diese so dargestellte Auffassung von der Entstehung des Menschen eine praktische Bedeutung, die uns erschrecken läßt. Wenn der Mensch veränderlich ist, weil er sich aus tierischen Anfängen entwickelt hat, dann könnte Technokraten nichts daran hindern, ihn noch weiter zu verändern. Wenn man den Menschen vom Entwicklungsgedanken her versteht, dann gibt es kein unantastbares Humanum mehr.

Noch nie ist die biblische Aussage, daß der Mensch *Ebenbild Gottes* ist, so aktuell gewesen wie heute. Wenn wir diese Aussage des Schöpfungsberichts recht verstehen wollen, müssen wir uns überlegen, was die hebräischen Ausdrücke *zelem* und *demut*, die Luther mit »Bild« übersetzt hat, bedeuten. Das Wort *zelem* wird dabei oft in dem Sinne als Bild verstanden, als wenn der Mensch so aussähe oder gar selbst so sei wie Gott. Zelem bedeutet aber in diesem Sinne nicht Bild, sondern *Repräsentation.* Im Menschen repräsentiert sich Gott. Eine »Repräsentation« kennen wir aus den Religionen: Der Götze repräsentiert sich im Götzenbild. – Gott, der Himmel und Erde geschaffen hat und den die Bibel bezeugt, repräsentiert sich nicht in Götzenbildern, sondern *im Menschen.* Der Mensch sieht nicht wie Gott aus, und Gott sieht nicht wie ein Mensch aus! Aber auf dieser Erde soll der Mensch in der Entfaltung seiner göttlichen Gesinnung Gott repräsentieren.

Der Ausdruck »demut« bedeutet Ähnlichkeit in dem Sinne, daß das, was repräsentiert wird, nicht gleich ist mit dem, was es repräsentieren soll. Der Mensch ist Gott ähnlich, aber er ist nicht wie Gott!

Damit ist jede Vermenschlichung Gottes ausgeschlossen. Gott bleibt der andere, auch dem Menschen gegenüber, den er nach seinem Bilde geschaffen hat. Und dennoch hat der Mensch grundsätzlich viel unmittelbarer Gemeinschaft mit Gott, als alle Kreatur auf dieser Erde. Wenn in diesem Bibeltext die Rede davon ist, daß Gott dem Menschen seinen Odem einbläst, dann soll das heißen, daß das Menschsein am Atem Gottes, also an Gott selbst »hängt« (Ps. 104 und Hiob 34). Der Mensch lebt durch Gott und von Gott und ist deswegen immer von ihm abhängig. Wenn wir den biblischen Bericht über die Erschaffung des Menschen lesen, müssen wir uns vor Verbildlichung hüten. In keiner Weise wird Gott hier als *Mensch* ausgemalt, der mit seinen Händen einen Menschen aus Lehm formt und seinen Mund über dessen Nase beugt, um ihn zu beatmen. Das sind verwerfliche und gotteslästerliche Vorstellungen, zu denen die Bibel nicht nur keinen Anlaß gibt, sondern die die Schrift eindeutig verwirft: Du sollst dir kein Bildnis noch Gleichnis machen.

»Die Sträucher auf dem Felde waren noch nicht . . .« Es gab noch keine Kulturlandschaft (das ist damit gemeint), denn der Mensch war noch nicht da, um als Haushalter Gottes die unversehrte Schöpfung des Paradieses zu pflegen. Der heile Mensch in der heilen Welt – das ist das Ziel der Schöpfung, das ist die Wirklichkeit, die die Bibel Paradies nennt und die wir uns nicht vorstellen können, weil diese Wirklichkeit zerstört wurde.

Da der Mensch Erde ist (Adam heißt eigentlich Erde), faßt er die ganze Schöpfung in sich zusammen. Durch ihn geht der Atem Gottes in die Erde, so daß im Leib des Adam die Schöpfung ihre Vollendung erreicht hat.

Weil Adam unmittelbar von Gott zu seinem Ebenbild geschaffen wurde, ist jeder Mensch Repräsentant Gottes. Es gibt keinen Über- und Untermenschen. Es gibt kein rassisch »minder- oder höherwertiges Menschenmaterial«. Damit ist das biblische Verständnis des Menschen *Garant der Humanität.*

Dieser Mensch darf nicht verändert, er darf nicht »herauf- oder heruntergezüchtet« werden, wie moderne Biogenetiker es wünschen. So wie der Mensch von Gott geschaffen wurde, in der ihm von Gott gegebenen Einheit von Leib und Seele, ist er unantastbar. Er ist es auch deswegen, weil er trotz Sündenfall immer noch Repräsentant Gottes sein kann. Es gibt keine bessere, höhere, unantastbarere Garantie für das Unzerstörbare des Menschen als diese biblische Aussage (1. Mose 1, 27; Hebr. 2, 11; 1. Joh. 3, 2). Aber diese biblische Deklaration wird heute nicht mehr angenommen. Und in dem Augenblick, da man lehrte, daß der Mensch sich aus primitiven Anfängen entwickelt habe, zerstörte man die Grundlage der Humanität. Denn nun ist der Mensch nicht das Endgültige, weil von Gott Geschaffene, sondern das zu jeder Zeit Wandelbare und – auch im Wesen – Veränderbare. Nun könnte man auch von höher und weniger entwickelten Menschen sprechen (»Mensch« – hier aufgefaßt als biologischer Gattungsbegriff, ohne das spezifisch Menschliche: den göttlichen Atem). Dann gibt es Übermenschen und Untermenschen, und der Rassismus dürfte Triumphe feiern. In der Tat haben alle großen Ideologen dieses und des vorigen Jahrhunderts, die den Menschen *nach ihrem Bilde* formen wollten, den Darwinismus als letztgültiges wissenschaftliches Prinzip mit Begeisterung aufgegriffen.

Für Jean Jacques Monod (in seinem bereits zitierten Buch »Zufall und Notwendigkeit«) ist ein Menschenleben nur eine Gewinnummer in der gigantischen Lotterie der Natur, in der es hin und wieder Treffer gibt (das heißt durch praktisch zufällig eintretende Änderungen der Erbanlagen). Durch solch einen Zufallstreffer sei auch der Mensch entstanden. Durch Auslese würden dann diese Zufallstreffer zu Produkten mit dem Charakter einer vorläufigen Endgültigkeit. Aber was durch Zufall entstanden sei, könne auch im Zufall enden. Hier gibt es weder Plan noch Sinn, noch Ziel. Es gibt keine Gewißheit über diese Zufälligkeiten hinaus. Deswegen werden alle »Weltanschauungen« durch Monod als Illusionen verurteilt – sei es Kommunismus, sei es Christentum. Das Weltall kenne keine Ziele, sondern nur die Notwendigkeit aus dem Zufall.

Daß die Evolutionstheorie eben Theorie und *keine wissenschaftlich erwiesene Tatsache* ist, werden wir nicht müde zu wiederholen. Es fällt schwer, von gewohnten Theorien Abschied zu nehmen. Um so mehr bewundert man gelassene Objektivität bei einem Forscher wie

C. A. Kerkut (»Implications of Evolution«, 1966), der gar nicht grundsätzlich gegen die Evolutionstheorie ist, sondern nur nachdrücklich klarstellt, daß sie eben eine Theorie ist. In einer Besprechung des o. a. wissenschaftlich nüchternen Buches in »American Scientist« (1961) schreibt dazu T. Bonner: »Wir alle haben jahrelang unseren Studenten eingeimpft, keine Behauptung als bewiesen anzusehen, bevor nicht der Beweis erbracht ist. Daher ist es ein echter Schock, wenn wir erkennen müssen, daß wir keineswegs unserem eigenen, wohlfundierten Rat gefolgt sind. ... Da wir die Phylogenie (Stammesentwicklung) des Tierreiches noch nicht völlig in allen Einzelheiten rekonstruieren können, ist die Evolution nicht bewiesen! . . . Wir können sicher sein, daß das Leben (oder was das betrifft, der Kosmos) eine Geschichte hat; aber es folgt daraus nicht, daß wir alle Ereignissse kennen, aus denen diese Geschichte mit ihren besonderen Daten zusammengefügt ist.«

Fehlkonstruktion oder Sündenfall?

> »Da sprach die Schlange zum Weibe: Ihr werdet keineswegs des Todes sterben, sondern Gott weiß: An dem Tage, da ihr davon esset, werden eure Augen aufgetan, und ihr werdet sein wie Gott und wissen, was gut und böse ist.« 1. Mose 3, 4–5

Vor einigen Jahren hatten amerikanische Zeitungen wieder eine Sensation. Der Gelegenheitsarbeiter Richard F. Speck brach in Chicago in ein Krankenhaus ein und nahm acht Schwesternschülerinnen gefangen. Nachdem er sie gefesselt hatte, quälte und verstümmelte er sie langsam zu Tode. Speck wurde gefaßt. Als es zur Gerichtsverhandlung kam, wurden Gutachten eingeholt. Medizinische Untersuchungen hatten festgestellt, daß im Erbgut des Verbrechers die Träger der männlichen Geschlechtlichkeit in doppelter Zahl vorhanden waren. Statistisch wollte man nun nachweisen, daß solche Menschen außerordentlich aggressiv seien. Chromosomenschäden führen zu Störungen im Stoffwechsel, und diese Störungen hätten dann seelisches Fehlverhalten bis hin zu Verbrechertum oder Schwachsinn zur Folge – so die Gutachter. Dem Gericht stellte sich die Frage: Kann man einen Menschen als Verbrecher verurteilen, wenn er körperlich eine Anomalie aufweist? Wo fängt die Verantwortung an, wo hört sie auf? Ist der Mensch ein freies, verantwortliches Wesen (also Repräsentation Gottes) oder nur ein Produkt der »Natur«?

Aber noch eine andere Frage stellte sich: Wenn man weiß, warum Fehlhandlungen begangen werden, weil man die greifbaren körperlichen Ursachen kennt, kann man dann nicht dieses Fehlverhalten operativ abstellen? Was hat das Gerede von Sünde und Schuld da zu suchen, wo doch wohl offensichtlich eine Fehlkonstruktion vorliegt?

Man kennt seit langem Schönheitsoperationen. Wer häßlich ist, läßt sich ein neues Gesicht machen. Warum sollte man nicht auch Operationen an der Genestruktur, also an der Erbveranlagung vornehmen, um aus einem Verbrecher einen tugendhaften Menschen zu machen? Der Fall Richard Speck macht doch deutlich, daß moralisches Verhalten letztlich als manipulierbar angesehen wird und das Böse als »Unfall«, für den unter Umständen ein Mensch keine Verantwortung zu tragen braucht. Forscher überlegen sich seit langem, ob es nicht möglich wäre, durch chirurgische Eingriffe in die Genestruktur überhaupt einen neuen und fehlerfreien Menschen zu schaffen. Von 1958–1969 wurden siebzehn Nobelpreise für Forschungen in der Genetik verteilt. Immer wieder ging es um diese Frage: Kann der Mensch durch Änderung des Steuermechanismus seiner Erbanlagen geändert werden? Ist es nicht sogar notwendig, einen neuen idealen Menschen aufzubauen, damit die Probleme der Zukunft gemeistert werden können? Könnte man nicht sozusagen den Sündenfall Adams operativ rückgängig machen? Das Fachwort, das in diesem Zusammenhang immer wieder auftaucht, heißt »Genetic ingeneering«. So wie ein Ingenieur neue Automotoren entwickelt, wollen Biologen durch Manipulation der Erbanlagen neue Menschen entwerfen. Diese Wissenschaft ist noch voll im Gange. Auf einige erschreckende Aspekte wurde in dem Buch »Provozierte Theologie in technischer Welt« (1968) von Georg Huntemann hingewiesen. – Der nächste Genetikerkongreß wird 1978 in Moskau sein. Welche Ergebnisse wird man dort auf den Tisch legen?

Es wird nicht viel sein, denn man ist in der Genechirurgie nicht weitergekommen. Es bestätigt sich eben die in diesem Buch schon mehrfach angedeutete Erkenntnis, daß jeder – auch künstlich herbeigeführte – Erbsprung, also jede Mutation, biologischen Unsinn zur Folge hatte. Der Schwerpunkt ist deswegen von der Genchirurgie auf die Hirnchirurgie verlagert worden. Man meint, den Menschen eher und schneller dadurch ändern zu können, daß man die Reizzonen seines Gehirns erforscht und dann durch Einfluß auf diese Reizzonen ein neues Fühlen, ein neues Denken und Wollen produzieren kann.

Was heute längst diskutiert, für möglich gehalten und (an Tieren) durchexperimentiert wurde, sieht dann so aus: Stärkere Gedächtniskraft – vielleicht auf Kosten der Liebesfähigkeit; mehr Mut und Entschlossenheit – vielleicht auf Kosten des Erinnerungsvermögens. Größere Ausdauer und Beharrlichkeit – vielleicht auf Kosten der moralischen Hemmungen. Das sind zwar im Blick auf den Menschen Utopien – aber sie sind deswegen nicht gegenstandslos, weil der Mensch wirklich im Begriff ist, den Menschen zu ändern. Wäre das nicht die brutalste Form der Herrschaft des Menschen über den Menschen?

Die Forschungsergebnisse von Delgado und seinen Schülern sind mittlerweile auch einer breiteren Öffentlichkeit bekanntgeworden. Bei seinen Experimenten wurden Affengehirne an Computer angeschlossen und programmiert. Diese Experimente geschahen bislang nur mit Tieren. Aber die Forderung, das menschliche Gehirn durch Anschluß an Computer leistungsfähiger zu machen, wird immer öfter erhoben. Man hat künstliche Nieren und künstliche Herzen in den Menschen hineingepflanzt – warum sollte man ihm nicht auch künstliche Gehirne »eingeben«?

Wir werden mit der Frage konfrontiert: Was ist das Böse? Ist das nicht eine primitive Erklärung: Adam und Eva werden im Paradies von einer Schlange verführt, die dafür zur Strafe auf dem Bauche kriechen muß? Und das alles nur, weil von einer »lustig anzusehenden Frucht« im Garten Eden nicht gegessen werden sollte – und dann doch gegessen wurde?

Wenn wir den bekannten, aber nur zu oft verkannten Bericht über den Sündenfall verstehen wollen, muß auch hier die Forderung wiederholt werden, daß wir uns von unbiblischem Bilderdenken befreien.

Die Schlange, von der in der Geschichte vom Sündenfall die Rede ist, hat mit der Schlange, wie wir sie in der Natur vorfinden, überhaupt nichts zu tun. In der Offenbarung des Johannes (20, 2; 12, 9) lesen wir, daß die Schlange der Drache, der Teufel ist. Der Böse selbst bricht ein in jenen Bereich, der dem Menschen zur Entfaltung seiner Möglichkeiten von Gott zugewiesen wurde. Diese Macht des Bösen kommt nicht »in der Gestalt der Schlange«, sondern in einer Realität, die uns heute völlig unbekannt ist und wohl auch unbekannt bleiben wird, solange wir in den Kategorien von Raum und Zeit denken, solange wir also auf der Erde leben. Wenn es im biblischen Bericht heißt, daß die Schlange listiger war als alle andere Kreatur, dann soll damit nicht im Stile der Erklärung eines Zoologischen Gartens festgestellt werden, daß Schlangen kluge Tiere sind. Die Klugheit, von der hier die Rede ist, ist ein auf Zerstörung ausgerichtetes Wissen. Das ist der Sinn des hebräischen Urtextes. Und Kreatur meint, daß die »Schlange« von Gott abgefallenes *Geschöpf* ist. Wohlgemerkt: Die Schlange gehört nicht zum Bereich der Tierwelt, sondern sie ist die Macht des Bösen, die in der Bibel Drache genannt wird. Der Böse selbst ist unvorstellbar und auch nicht abbildbar. Genausowenig wie man Gott bildlich darstellen kann, genausowenig kann man den Bösen vorstellbar machen. Es war absurd, sich den Satan in der Versuchungsgeschichte als eine Schlange vorzustellen, wie sie heute im Tierlexikon vorkommt. Übrigens: daß die Schlange »auf dem Bauche kriechen« und »Staub fressen muß«, ist eine Folge ihrer Verfluchung! Und dieses »auf dem Bauche kriechen« hat – wie wir noch sehen werden – einen ganz anderen Sinn, als sich die Bibel-Bilderbuch-Maler das vorgestellt haben und z. T. heute noch vorstellen. Übrigens fressen Schlangen, die auf der Erde vorkommen, bekanntlich keinen Staub! Den Satan suchen wir in Brehms Tierleben vergeblich – mit Sicherheit kommt er darin nicht vor!

Die Macht des Bösen arbeitet mit einer Strategie, die im Sündenfallbericht mit unmißverständlicher Klarheit dargestellt wird. Die Versuchung beginnt mit der Übertreibung. Es wird die Frage gestellt, ob Gott denn wirklich verboten habe, von keinem Baum im Paradies zu essen. Natürlich wurde dieses Verbot niemals ausgesprochen. Nur von einem bestimmten Baum im Garten, nämlich vom Baum der Erkenntnis des Guten und Bösen, sollten Adam und Eva nicht essen. Satan beginnt die Versuchung also mit einer Übertreibung, die Verwirrung und Mißtrauen stiften soll. Nach dieser

Verunsicherung kommt dann der Frontalangriff: Nachdem zunächst die Rede Gottes durch Übertreibung verfälscht wurde, wird nun das Wort Gottes überhaupt in Frage gestellt oder als Lüge verdächtig gemacht. Der Böse will dem Menschen einreden, daß es gar nicht stimmt, daß man sterben muß, wenn man vom Baum der Erkenntnis des Guten und Bösen ißt. Gott wäre nur neidisch – sagt der Böse –, er wolle nicht, daß der Mensch wie Gott wird.

Modern ausgedrückt: Gehorsam gegenüber Gott hindert nur daran, sein eigenes Leben zu leben. Solange der Glaube an Gott lebendig ist, kann der Mensch nicht zu sich selbst finden – das ist die Einrede Satans damals wie heute. Heimlich soll sich dabei eine furchtbare Verdächtigung einschleichen: Hat etwa der Glaube an Gott mein Lebensglück kaputtgemacht? Und – will Gott mich »kleinhalten«? Ist er mein *Feind?*

Nun ist es nicht mehr weit zum dritten Schritt dieser strategisch aufgebauten Versuchung. Die große Illusion wird angeboten. Sie liegt in dem Versprechen: Ihr werdet sein wie Gott selbst. Genau dieses »Sein wie Gott« ist die Ursache des Abfalls der Engelmächte von Gott, die dadurch zu Dämonen wurden.

Wer aber sein will wie Gott, stürzt in die Tiefe. Nackt findet sich der Mensch wieder. Das heißt im Ursinn der hebräischen Worte: er ist elend und arm. Er muß sich vor Gott verstecken. Das Gefühl der Schuld läßt ihn fliehen vor dem Gott, der die Quelle seines Lebens ist.

Die Geschichte vom Sündenfall belehrt uns darüber, daß das Böse keine Tragik, keine Panne in der Schöpfung, sondern eine reale Macht ist, die den Menschen angreift. Er ist angegriffen worden und hat kapituliert. Wir sagen »der Mensch«. Das bedeutet, in Adam waren wir alle. Adam ist die Menschheit. Das »Damals« ist das »Heute«. Seine Versuchung ist unsere Versuchung, seine Niederlage ist unsere Niederlage.

Als der bekannte Basler Theologe Karl Barth, der sich viele Jahre seines Lebens nebenher als Gefängnisseelsorger betätigte, gefragt wurde, ob Strafgefangene eine besondere Disposition zum Bösen hätten, antwortete er, die Disposition zum Bösen hätten alle Menschen. Jeder ist böse, weil er der Sünde verfallen ist. Jeder wird in seiner Weise versucht, und jeder kapituliert.

Aber die Umstände? Was ist mit dem Milieu? Wie steht es mit jenen Chromosomenfäden, die Gutachter zum Anlaß nahmen, um einen Menschen von der Schuld freizusprechen?

Wer weiß, wie viele es gibt, die in ähnlicher Weise mit einer »Chromosomenstörung« leben wie jener Massenmörder Richard Speck? Damit ist nicht gesagt, daß alle diese Menschen in Krankenhäuser einbrechen, Krankenschwestern fesseln und langsam zu Tode quälen. Jeder Mensch hat seine Versuchung, und jeder hat seine Weise, auf diese Versuchung zu reagieren! Ob das kriminell faßbar wird oder nicht, ist eine zweite Sache. Aber die eine unumstößliche Tatsache ist die, daß der Mensch von seiner Schuld und seiner Verantwortung niemals loskommen kann.

Es kann zum Beispiel eine Frau geben, die sich ein Kind wünscht, es nie bekommt und damit nie fertig wird und irgendwie an ihren Mitmenschen Rache nimmt. Eine andere Frau kann unter demselben Geschick stehen, aber sie wird nicht aggressiv, sie macht anderen nicht das Leben zur Hölle, sondern überwindet das Leid, weil sie diese Grenze ihres Lebens als Kreuz verstanden und überwunden hat.

Sünde entsteht nicht durch menschliche Fehlkonstruktion! Es ist »der gute und vollkommene Mensch« auch nicht rekonstruierbar. Wenn wir das Milieu, also seine Umwelt, sein Gehirn oder seine Genestruktur ändern – wir werden allenfalls Veränderungen, die »biologisch interessant« sind, aber keinen guten Menschen schaffen. So wie wir Gott nicht in den Griff kriegen, so kriegen wir auch die reale Macht des Bösen nicht in den Griff. Gegen die Sünde gibt es keine Tabletten und wird es keine Tabletten geben. Es ist nicht auszuschließen, daß man den Menschen eines Tages durch künstliche Genemutationen oder Gehirnchirurgie umbauen wird. Aber das ergibt dann nicht mehr einen Menschen, sondern wirklich einen *Unmenschen* – das wäre der letzte und höchste Triumph Satans. Das Streben dahin liegt auf der Ebene seiner Strategie: Sein wie Gott! Er möchte alles machbar machen – aber das ist die Zerstörung der Schöpfung.

Wieder stellt sich eine elementare Frage: Warum ist denn der Mensch so geschaffen, daß er nicht die Freiheit und Möglichkeit hat, dem Bösen zu widerstehen? Hätte Gott das nicht in seiner Allwissenheit vorhersehen müssen, und hätte er es nicht in seiner Allmacht verhindern können? Warum wurde eine Welt geschaffen, in der die Zerstörung durch das Böse möglich wurde? Auf diese Frage kennen wir keine Antwort, wie kennen die Realitäten des Lebens, wir kennen auch die Realitäten der Bibel, und beide Realitäten passen nur zu gut zueinander. Wir können diese Fragen, die hinter diesen Realitäten stehen, genausowenig beantworten wie die Frage, warum Gott die Welt überhaupt geschaffen hat. Wir werden solange mit diesen Fragen leben müssen, bis wir Gott von Angesicht zu Angesicht sehen und aus dem Glauben zum Erkennen gekommen sein werden.

»Sein wie Gott« – das heißt gemäß dem hebräischen Ursinn dieses Ausdrucks: allwissend sein. Jeder Versuch aber, erkennen zu wollen wie Gott erkennt, ist verderbenbringende Sünde.

Für uns ist dieses Ergebnis wichtig. In der zwiespältigen Welt ist nun auch der Mensch zwiespältig geworden. Der Böse, der in die Welt hineingekommen ist, ist auch in den Menschen eingebrochen. Der Mensch lebt im Abfall von Gott – schärfer noch ausgedrückt – in der Feindschaft gegen Gott. Alles, was wir in den weiteren Kapiteln dieses Buches sagen, wäre unverständlich, wenn wir nicht von dieser Tatsache ausgehen.

3. Kapitel

Das verlorene Paradies

Vertreibung aus dem Paradies: Leben ohne Glückseligkeit

> »Da wies ihn Gott der Herr aus dem Garten Eden, daß er die Erde bebaute, von der er genommen war. Und er trieb den Menschen hinaus und ließ lagern vor dem Garten Eden die Cherubim mit dem flammenden, blitzenden Schwert, zu bewachen den Weg zu dem Baum des Lebens.« 1. Mose 3, 23. 24

Es hat auf dieser Welt nie einen Menschen gegeben, der vollkommen glücklich war und in ungebrochener Harmonie mit Gott, mit sich selbst und der Welt gelebt hätte.

Wie kommt das?

Warum kann man auf dieser Erde nicht glücklich sein?

Das Paradies war der Ort, an dem es die Zwiespältigkeit der Welt nicht gab. Hier war das Leben in vollendeter Harmonie mit Gott. Das Paradies war im Kosmos ein ausgezeichneter, einzigartiger Ort der Gottesverbundenheit. Doch auch in diesen Bereich ist durch den Sündenfall die Macht des Bösen eingebrochen. Die Folgen dieses Aufstandes gegen Gott sind:

1. Es gibt keine Harmonie des Menschen mit der Welt. Sein »Akker« ist verflucht. Das Paradies mußte er verlassen. Im Schweiße seines Angesichts soll er sein Brot erarbeiten. Weil der Acker verflucht ist, wird es niemals gelingen, die Welt durch Arbeit zu erlösen. Der Fluch auf dem Acker wird es nicht zulassen, daß durch menschliche Leistung diese Welt in ein Paradies verwandelt wird.

2. Verlust der Harmonie der Welt bedeutet auch Verlust der Harmonie mit dem Mitmenschen. Das vollkommene Zueinander

von Mann und Frau gibt es nicht mehr. Die Frau war vor dem Fall dem Manne zugeordnet. Aber diese Zuordnung wird nun pervertiert in eine Herrschaftsstruktur, die zur Unterdrückung ausartet. Die Frau wurde in der heidnischen Kultur zur Sklavin des Mannes, zum Menschen zweiter Klasse. Natürlich gab es Unterschiede im Ausmaß dieser Misere. Es gab auch Gegenreaktionen, sogenannte »Mutterkulturen«, in denen am Manne Rache genommen wurde. Aber dieses Resultat des Sündenfalles (»er wird dein Herr sein«) bedeutet ja im weiteren Sinne, daß nunmehr der Mensch über den Menschen herrschen wird.

3. Der Tod beginnt seine Herrschaft. Der Leib stirbt schon, nachdem er geboren ist: »Von der Erde bist du und zu Erde sollst du werden.« Die Schöpfungskraft, der Atem Gottes ist blockiert durch die Sünde. Deswegen muß der Mensch sterben. Der Tod ist nicht »natürlich«, sondern der Sold der Sünde (Röm. 6, 6. 23).

Dieses Gericht ist unabänderlich. Die Cherubim stehen mit flammendem Schwert vor dem Paradies, es gibt keinen Weg zurück.

Ist das etwa alles nur Sage, Legende oder Märchen? Es ist biblischer *Realismus*. Unser eigenes Leben finden wir in diesem Realismus wieder. Die Wirklichkeit des Todes ist uns heute geradezu sichtbar geworden. Der Mensch, der wieder zur Erde wird, von der er genommen ist, muß an sich selbst erleben, daß die Macht des Nichts in seinen Leib eindringt und ihn langsam zurücktreibt in das Urchaos, das am Rande der Schöpfung steht.

Im Oktober 1937 hielt die American Aging Association in New York einen Kongreß ab. Überwiegend junge und dynamische Forscher beschäftigten sich mit der Frage, warum der Mensch sterben muß. Die amerikanischen Gelehrten E. Calkins (Universität Buffalo), D. Harman (Universität Nebraska) und G. Glenner hatten gemeinsam den »Todesstoff« (Amyloid) erforscht. Er ist eine komplizierte Eiweißverbindung, die nun als »Schlüsselsubstanz« des körperlichen und damit auch geistigen Zerfalls erkannt wurde. In den lebenswichtigen Organen sammelt sich diese Substanz an – je älter der Mensch wird, um so mehr Ablagerungen werden gefunden. Vielleicht hängt die Bildung dieses Stoffes – so vermuten einige Forscher – mit dem Abwehrmechanismus des Körpers gegen Krankheitskeime zusammen. Was dem Leben dienen soll, wird – unerklärbar – zum Todesstoff umfunktioniert. Der Baum des Lebens ist uns genommen; was für ein ewiges Dasein geschaffen war, wird der Zwangsentwicklung in das Nichts unterworfen. Forscher – natürlich – können irren, vielleicht wird man das Sterben irgendwann einmal wieder anders erklären. Aber dieses ist doch bedeutsam: Sterben, alt werden und dann der Tod sind »nicht natürlich«, sind nicht »schön« – der Tod ist Zerstörung der Schöpfung.

Gott aber will nicht den Tod – Gott will das Leben!

Soll man das hinnehmen? Angesichts dieser bitteren Tatsachen, mit denen der Mensch konfrontiert wird, gibt es ein Aufstöhnen oder gar ein Hadern mit Gott. Gerade in unserer »modernen Zeit«, in der der Glaube an Gott zum Problem oder fragwürdig geworden ist, spürt man den Haß gegen Gott. Es ist nicht so, daß »Gott tot« ist. Gott ist nicht tot, sondern der Glaube an ihn wird verdrängt. Man will darauf nicht angesprochen werden. Wie oft kann man feststellen, daß der Christen Rede von Gott auf scharfe Ablehnung stößt. Warum? Man will von Gott nichts hören, weil man seine Schöpfung haßt. Da ist dann die Frage: »Warum diese Misere in der Welt, warum gibt es das Altern und den Tod? Was soll da das Gerede vom »lieben Gott« angesichts dieser Zwiespältigkeit?!«

In seinen jungen Jahren schrieb Karl Marx:

»Hat ein Gott mir alles hingerissen,
fortgewälzt im Schicksalsjoch
seine Welten – alles missen!
Eines blieb, die Rache blieb mir doch!«

Es gibt die »Rache« Gott gegenüber, weil die Welt dem Menschen so furchtbar werden kann und der Tod so grauenhaft ist. Rache kann ein Motiv unserer Gedanken werden. Der allen Zeitgenossen bekannte Denker Friedrich Nietzsche hat die Rache als Motiv neuzeitlichen Denkens erkannt. Der Betrogene will Rache nehmen an Gott. Die Gottlosigkeit unserer Zeit ist oft militant. Vieles, was wir tun, um eine »neue Welt« oder einen »neuen Menschen« aufzubauen, geschieht aus Rache gegen den Gott, der uns in solch einer miserablen Welt zurückgelassen hat.

Es wird nicht danach gefragt, ob der Mensch selbst schuldig geworden ist. Schon Kirillow in Dostojewskis »Dämonen« klagte Gott und die Welt an – sich selbst hat er nicht angeklagt. Die eigene Schuld wird verdrängt, sie wird abgeschoben auf Gott und die Welt.

Bevor wir diese Flucht vor der Wirklichkeit in ihren gräßlichen Folgen des Anarchismus und Terrorismus weiter bedenken, stellen wir die simple Frage:

Wo ist das Paradies?

Warum können wir uns nicht selbst erlösen?

Kains Brudermord – Menschheitserlöser können über Leichen gehen

> »Es begab sich aber nach etlicher Zeit, daß Kain dem Herrn Opfer brachte von den Früchten des Feldes. Und auch Abel brachte von den Erstlingen seiner Herde und von ihrem Fett. Und der Herr sah gnädig an Abel und sein Opfer, aber Kain und sein Opfer sah er nicht gnädig an. Da ergrimmte Kain sehr und senkte finster seinen Blick«. 1. Mose 4, 3–5

Fragen wir zunächst: Wo ist das Paradies?

Die Bibel gibt eine Antwort:

Im zweiten Brief an die Gemeinde zu Korinth (12, 1–4) spricht der Apostel von seiner Erfahrung, wie er in den dritten Himmel, in das Paradies entrückt wurde. Das Paradies ist also nicht mehr auf der Erde. Das Paradies ist im Himmel. Für den Apostel Johannes ist das Paradies (Offb. 22, 2) das himmlische Jerusalem.

Das Paradies ist nicht auf der Erde – und dennoch ist es ein heißumkämpfter Platz auf dieser Erde. Der Kampf um das persönliche Glück, der Traum vom Menschheits-Glück, der Aufbruch der Revolutionäre zu goldenen Zeitaltern und der Aufstand der Technokraten, um einen neuen Menschen zu bauen – immer geht es um das verlorene Paradies. Wir wollen uns selbst erlösen; meistens hängen wir unsere Wünsche und Hoffnungen an »die großen Männer«, die durch ihr Denken oder ihre Taten den Weg ins Paradies öffnen sollen.

Der erste dieser »großen Männer«, der erste erwartete Erlöser und Retter der Menschheit war Kain.

Die Geschichte von Kain und Abel ist bekannt. Kain und Abel bringen ein Opfer. Das Opfer Kains wird verworfen, das Opfer Abels wird angenommen. Kain opfert von den Früchten des Feldes, Abel opfert von der Herde seiner Tiere. Warum wird das Opfer Abels angenommen, warum wird das Opfer Kains verworfen? Zunächst diese Frage: Wer war Kain? Der Ausdruck Kain heißt im Hebräischen sowiel wie »schaffen« oder »machen«. Kain ist der Macher. Er ist es, der die Erlösung machen soll.

Kain war die erste von Menschen erwartete Erlösergestalt. Deswegen heißt es auch von ihm »dem Herrn geboren«. Wohlgemerkt, es heißt nicht »mit Hilfe des Herrn« geboren, sondern »dem Herrn geboren«. Das hat einen besonderen Sinn: In Erinnerung an religiöse Parallelaussagen (insbesondere im Blick auf die Ras-Schamra-Texte) kennen wir Muttergestalten als Gebärerinnen von Halbgottheiten, die Göttern und Menschen Erlösung bringen sollen. Kain ist solch eine Erlösergestalt. Kain »soll es machen«. Und Eva versteht sich als die Gebärerin eines Menschheitserlösers. Der Mensch Kain soll das Paradies wiederbringen.

Aber Kain »macht« es eben nicht! Gott nahm sein Opfer nicht an. Und wenn Gott das Opfer nicht annimmt, ist alles Mühen vergeblich. Man könnte diese Stelle auch tiefer ausschöpfen und sagen, daß Gott das ganze Wollen Kains nicht angenommen hat. Gott wird niemals Selbsterlösung annehmen, sondern sie als die Sünde verwerfen.

In der rückschauenden Prophetie des Neuen Testamentes (Hebr. 11, 4) wird uns gesagt, warum das Opfer Kains verworfen wurde: Abel glaubte, aber Kain glaubte nicht. Kain dachte an das Machbare, aber er glaubte nicht daran, daß Gott allein heilen kann. Kain war nicht fromm. Die Sünde – so heißt es – lauerte vor der Tür seines Herzens. Es gibt keine Neutralitätszone. Entweder Vertrauen oder Aggression. Die Sünde wird hier gleichsam als eine Macht verstanden, die dem Menschen auflauert. Sagen wir es ganz schlicht: Der Böse steht vor der Tür des Herzens und dringt in dem Augenblick in uns ein, da wir das Vertrauen Gott gegenüber verlieren. Und was geschieht, wenn wir das Vertrauen verlieren? Wir werden »frustriert«. Auch der Neid bricht auf. Der Mensch, der aus sich selbst das Paradies herbeiführen will und es nicht kann, ist der frustrierte und damit auch der aggressive Mensch.

Gott hat das Opfer nicht angenommen – das bedeutet im weiteren, tieferen Sinne: Alle Anstrengungen auf dem Wege zum Paradies auf Erden sind vergeblich gewesen. Die Pläne und Träume haben sich nicht erfüllt, weil sie sich nicht erfüllen können. Bitteren Herzens wird die Frage gestellt: Warum sind die Rechnungen nicht aufgegangen? Warum bringen Leistung und Opfer keinen Gewinn? Man sucht die Schuld nicht bei sich selbst, sondern überträgt sie auf Gott, die Welt, die Menschen – meistens auf eine bestimmte Gruppe von Menschen – die zu Saboteuren, Verrätern und Feinden abgestempelt werden. Der Terrorismus unserer Tage, die anarchistischen Bewegungen, die vielleicht eine völlig neue Situation in der politischen Szenerie unserer Zeit herbeiführen, vielleicht unvorstellbare Möglichkeiten des Terrors und der Unterdrückung des Menschen durch den Menschen herbeizwingen, haben ihre Ursache in der Enttäuschung darüber, daß das verlorene Paradies noch nicht wieder auf Erden ist und daß alle Opfer, die man einsetzte, um es wieder zu erlangen, vergebliche Opfer gewesen sind. Kain steht unserer Zeit nahe.

Er bringt seinen Bruder um, weil er Rache nehmen will an Gott. Ganz plötzlich kann auch in den ruhigsten Zivilisationsecken unserer Welt Kain unter uns sein, der Brudermord kann aufbrechen, der Terror alles zerstören, weil unversehens ein »dämonisches Erwachen« kommt: das Glück ist nicht da, und das Paradies ist verschlossen – und Opfer werden nicht angenommen!

Aber auch Abel ist unter uns und Abels Opfer wurde angenommen, denn Abel hat – so heißt es im Hebräerbrief (Hebr. 11, 4) »durch den Glauben ein größeres Opfer getan«.

Von Abel hat man wohl nicht viel erwartet. Sein Name bedeutet Hauch im Sinne von Nichtigkeit. Er war sicherlich kein Held oder Kraftprotz, wohl eher kindlich, aber dafür demütig. Er lebte aus dem Vertrauen zu Gott. Er gehörte zu den Armen, die Jesus preist: »Heil euch, die ihr arm seid« (Luk. 6, 20).

Es ist darauf zu achten und wird ausdrücklich in der Schrift erwähnt, daß Abel ein Opfer aus seiner Herde brachte. Bei seinem Opfer wurde also Blut vergossen. Das bedeutet, daß Abel ein *Schuldopfer* brachte und nicht nur ein *Dankopfer* wie Kain. Kain hatte nur zu danken – und das wohl nur im Blick auf das, was er schon erreicht zu haben meinte oder noch erreichen wollte.

Im Schuldopfer des Abel aber floß Blut. Später werden auf dem Weg durch die Wüste von Mose genau die einzelnen Opfer angeordnet werden. Aber nie wird die Opferpraxis *begründet*, es gibt keine Theologie des Opfers im Alten Testament. Nur dieses ist sicher: Abel wußte, daß zwischen Mensch und Gott die Schuld steht und daß diese Schuld vernichtet werden muß. Das Blut, das beim Schuldopfer floß, war das Zeichen der totalen Vernichtung der Sünde. Für den Menschen stand das Tier. Die Opfer im Alten Testament aber zeigen auf das Opfer Christi am Kreuz, der die Schuld vernichtet und seine Gemeinde in die Auferstehung führt.

Es heißt im Bericht über die Vertreibung aus dem Paradies, daß die Schlange Staub fressen mußte. Hüten wir uns vor einer falschen Verbildlichung. Es gibt in der Tat Theologen, die diese Paradiesesgeschichte so verstehen, daß sie erklären wolle, warum die Schlangen auf dem Bauche kriechen und Erde fressen. Dann hätten sich allerdings die »Schriftsteller« des Alten Testamentes versehen, weil ja die Schlange nun wirklich keine Erde frißt.

Es gibt keine schlimmere Versuchung – ich werde nicht müde, es zu wiederholen – als jene, die Aussagen der Bibel in unsere menschlichen Vorstellungskategorien hineinzupressen, um das in ein Bild zu bringen, was wir eben nicht in ein Bild bringen dürfen. Schon ein flüchtiger Blick in religionsgeschichtliche Texte aus der babylonischen Welt zeigt uns, daß »Staub fressen« eine ganz besondere, längst feststehende Bedeutung hatte. Staub ist die Nahrung der Toten. Staub fressen heißt also, zum Tode verurteilt sein. Und »auf dem Bauche kriechen« bedeutet, daß die satanische Macht nun keine Himmelsgestalt mehr ist, sondern dem Bereich der Erde verhaftet bleibt.

Der Macht des Bösen sind also Grenzen gesetzt. Aber nicht nur das! Über allem steht noch die Verheißung des wirklichen Erlösers. Kain war nicht der Verheißene, sondern der von gefallenen Menschen erdachte Erlöser. Der wirkliche Erlöser ist jener »Same«, von dem es heißt, daß er den Kopf der Schlange zertreten wird. Bevor Adam und Eva aus dem Paradiese verwiesen werden, also auch bevor Kain geboren wurde, empfingen sie die Verheißung, daß ein Erlöser geschenkt wird.

Daß dieser Erlöser den Kopf der Schlange zertreten wird, bedeutet nicht (wie nach der primitiven Erklärung einiger Ausleger), daß der Mensch gelegentlich auf eine Schlange tritt und dafür ins Bein gestochen wird. Der hebräische Ausdruck für »Same« geht ganz eindeutig auf eine Einzelgestalt. Diese Einzelgestalt ist der Erlöser. Es ist Christus selbst. Er hat den »Stich« des Bösen, des Widersachers, im Gehorsam ertragen. Er hat Versuchung, Leid und Tod *für uns* durchlitten. Er hat aber dieser Schlange dadurch den Kopf zertreten – dem Teufel ist die unbegrenzte Macht genommen. Der hat den *Sieger* gegen sich, auch in den Menschen, die zu Jesus Christus gehören. Denen hat Christus sogar Macht gegeben, auf Schlangen und Skorpione zu treten (Luk. 10, 19). Damit ist wirklich nicht der Anreiz zu biologischen Abenteuern gemeint, sondern hier wird verheißen, daß der Glaube an Christus Macht gibt, dem Bösen entgegenzutreten.

Kain ist unter uns: Der Wille zur Macht aus der Rache gegen Gott. Abel ist unter uns: Die Gemeinde der Gläubigen, die an Christus, den Erlöser, glaubt, an seine Wiederkunft am Ende der Zeit, wenn das Paradies geöffnet wird. Abel ist aber auch unter uns als die Gemeinde, die weiß, daß die Macht des Bösen begrenzt ist. Diese Gemeinde weiß, daß der Böse auf dem Bauche kriechen muß, daß er der Erde verhaftet ist, daß er zum Tode verurteilt ist und Staub fressen muß. Das Urteil ist gesprochen. Das ist frohe Botschaft für die gläubige Gemeinde, die weiß, daß Gottes Wirken stärker ist als alle bösen Gewalten.

4. Kapitel

Zwischen zwei Katastrophen

Babylonischer Turm: Die Angst vor dem Untergang

> »Denn siehe, ich will eine Sintflut kommen lassen auf Erden, zu verderben alles Fleisch, darin Odem des Lebens ist, unter dem Himmel. Alles, was auf Erden ist, soll untergehen. Aber mit dir will ich meinen Bund aufrichten, und du sollst in die Arche gehen . . .«
>
> 1. Mose 6, 17–18

> »Wohlauf, laßt uns eine Stadt und einen Turm bauen, dessen Spitze bis an den Himmel reiche, damit wir uns einen Namen machen; denn wir werden sonst zerstreut in alle Länder.« 1. Mose, 11, 4

Im Schöpfungsbericht scheidet Gott die Finsternis vom Licht, trennt Meer und Erde voneinander. Diese Scheidung bedeutet Ordnung. Die Macht der Ordnung steht gegen das Chaos. Dieses Chaos ist aber niemals vernichtet, sondern nur gebändigt worden. Das ist der Tenor dieses Buches: Wir leben in einer zwiespältigen Welt zwischen Sein und Nichtsein.

Die Sintflut in den Tagen Noahs wird zum Widerspruch der Chaosmacht gegen die ordnende Kraft Gottes. Gott zieht seine scheidende, trennende, ordnende und bewahrende Kraft zurück. Die Chaosmacht kann aus der Tiefe aufstehen und herfallen über die Erde. Chaos bedeutet Zerstörung. Das hebräische Wort für Sintflut ist verwandt dem assyrischen Wortstamm nabalu. Nabalu aber heißt Zerstörung. Die Sintflut war keine Panne in der Natur, sie geschah auch weder in natürlicher Folgerichtigkeit noch durch Zufall, Sintflut ist *Gericht Gottes*.

Über die vorsintflutliche Zivilisation wissen wir wenig. Die kainitische Spannung zwischen Selbsterlösungswillen und Todestrieb wird sich in dieser Zivilisation durchgesetzt und dargestellt haben. Aus der kainitischen Unheilslinie (Lamech) kamen die Blutrache und die Vielweiberei.

In dem Buche Hiob (38, 8–11) heißt es: »Wer hat das Meer mit Toren verschlossen, als es herausbrach wie aus dem Mutterschoß? Als ich es mit Wolken kleidete und im Dunkel einwickelte wie in Windeln, als ich ihm seine Grenzen bestimmte mit meinem Damm, und setzte ihm Riegel und Tore und sprach: Bis hierher sollst du kommen und nicht weiter; hier sollen sich legen deine stolzen Wellen?!« Und bei Jeremia (5, 22) lesen wir: »Wollt ihr mich nicht fürchten, spricht der Herr, und vor mir nicht erschrecken, der ich dem Meer den Sand zur Grenze setze, darin es alle Zeit bleiben muß, darüber es nicht gehen darf? Und wenn es auch aufwallt, so vermag es doch nichts; und wenn seine Wellen auch toben, so dürfen sie doch nicht darübergehen. Aber dieses Volk hat ein abtrünniges, ungehorsames Herz. Sie bleiben abtrünnig und gehen hin ihrer Wege und sprechen niemals in ihrem Herzen: Laßt uns doch den Herrn, unseren Gott, fürchten, der uns Frühregen und Spätregen gibt zur rechten Zeit und uns die Ernte treulich und jährlich bewacht.«

Hier geht es nicht um die Beschreibung von Naturphänomenen, sondern darum, wie Gott das Aggressive der Chaosmacht siegreich in seine Schranken weist. Also nicht von einer Schöpfungsidylle, sondern von Schöpfungsdramatik ist in der Bibel die Rede.

Die Schöpfung und der Mensch sind bedroht durch die Urmacht des Chaos, die über den Menschen herfallen kann, wenn Gott im Gericht seine bewahrende Kraft zurücknimmt. Der Mensch ahnt das. Er will sich gegen die Katastrophe absichern. Es wiederholt sich das Unternehmen Kains. So wie Kain aus eigener Kraft den Weg ins Paradies erkämpfen wollte, so erstrebt der Mensch aus eigener Kraft die Rettung vor der Zerstörungsmacht, die er in der Schöpfung gegenwärtig ahnt.

Der Turmbau zu Babel war solch ein Versuch der Absicherung. Der Wille hinter diesem Unternehmen war, daß alle Menschen zusammenbleiben und sich »einen Namen machen«. Zusammenbleiben wollten sie, damit sie stark sind – nach dem Motto, das auch in diesem Jahrhundert seine Bedeutung hatte: »Einigkeit macht stark.« Und sie wollten sich einen Namen machen, dadurch daß sie es sind, die die Abwehr der Zerstörungskräfte in die Hand nehmen und siegen. Es gibt eine alte jüdische Auslegung des Turmbaus zu Babel: Die Menschen hätten eine Urahnung gehabt, daß auf die Katastrophe durch das Wasser die Katastrophe durch das Feuer folge. So sei der Turmbau zu Babel nichts anderes als der Versuch, sich gegen die Bedrohung der Welt durch die Katastrophe des Feuers zu schützen. Nun weiß auch das Neue Testament davon, daß auf die Katastrophe der Sintflut die endzeitliche Katastrophe des Feuers folgen wird. Wir lesen im zweiten Brief des Apostels Petrus (3, 6): ». . . dennoch ward damals die Welt durch die Sintflut verderbt. So auch werden der Himmel, der jetzt ist, und die Erde durch dasselbe Wort aufbewahrt, daß sie zum Feuer behalten werden auf den Tag des Gerichtes und der Verdammnis der gottlosen Menschen«. – Der Sinn dieser Rede ist eindeutig. Nach der Sintflut wird diese Welt aufbewahrt für den Tag des Gerichtes im Feuer. Für das neutestamentliche Denken bedeutet dieses Gericht im Feuer die endzeitliche Katastrophe.

Auch in den Überlieferungen der anderen Religionen wird davon berichtet, daß der Mensch sich immer schützen wollte vor einem kommenden Weltuntergang. Der babylonische König Nabupolassar sagte, Gott Marduk habe befohlen, einen Turm zu bauen von der Unterwelt bis zu der Spitze des Himmels. Der Turm war für ihn so etwas wie eine »Achse der Welt«, die Himmel und Erde miteinander verbinden soll. Im Turmbau zu Babel wollte man die »Weltformel«, die kosmische Achse, gleichzeitig auch die Einheitszivilisation, um zu überleben. Eine Katastrophe wie die Sintflut sollte nicht noch einmal die Zivilisation vernichten. Der babylonische König Mesodachbaladin II sagt über den Turm: »Dies ist der Hirte, der die Versprengten zusammenbringt.« (!) Im Vertrauen auf die Macht des Menschen und mit den Mitteln einer Einheitszivilisation und der Diktatur sollte das Unheil abgewendet werden.

Wie oft sind in der Geschichte der Menschheit solche Türme der Sicherheit gebaut worden? Wie oft haben Diktatoren durch Kolossalbauten sich selbst dargestellt? Ist nicht schließlich unsere gesamte *Zivilisation* solch ein gewaltiger Turm? Ist nicht die gewaltige Entfaltung unserer Technik jene Achse »von der Unterwelt bis zur Spitze des Himmels«? Warum wollen wir in den Weltenraum? Warum landet man auf dem Mond, und warum will man auch die anderen Planeten erobern? Die Antwort ist einfach: Der Kosmos soll erobert werden, weil die Menschheit überleben will.

Je weniger man mit Gott rechnet, ja – ihn leugnet, und je mehr als Folge davon die (oft nicht eingestandene) Angst vor ihm in der Tiefe der Seele wuchert, um so mehr versucht der Mensch den Weg der totalen Absicherung zu beschreiten. Das Kolossale unserer Technik ist auch – zweifellos nicht nur – bedingt durch die Angst vor dem Unberechenbaren. Und aus dieser Angst vor dem Unberechenbaren erwächst der Wille zur Macht.

Es ist nicht nur die Angst vor der Katastrophe, die dazu antreibt, das Gewaltige zu unternehmen. Es ist auch die Angst, im Leben und Tod unterzugehen im Namenlosen. Man will etwas sein und bedeuten in dieser Welt. Namenlos, nur eine unbekannte Nummer, nur eine Schraube in der riesigen Maschinerie eines gottlosen Weltalls zu sein, kann zu einem Alptraum werden. Wo man die Gottesverheißungen der Bibel nicht mehr kennt, wo man nicht mehr weiß, was die Botschaft bedeutet: »Ich habe dich bei deinem Namen gerufen, du bist mein«, da muß die Angst vor dem Absinken in das Bodenlose der Anonymität zu einem Hauptmotiv der Handlungen des Menschen werden. Als der Turm zu Babel gebaut wurde, gab es bereits Diktatoren. Der babylonische Turm wurde in einer Atmosphäre der Diktatur gebaut. Nimrod, der Gewaltige, der seine Herrschaft im Lande Sinear aufrichtete, und von dem die Bibel sagt, daß er »ein Gewaltiger auf Erden« gewesen sei, war wahrscheinlich die erste greifbare Diktatorengestalt in der Geschichte der Menschheit, deren Namen in der Bibel erwähnt wird.

Daß durch das Gericht Gottes die Menschen, die den Turm bauen wollten, zerstreut wurden, daß sie einander nicht mehr verstanden, weil ihre Sprache verwirrt wurde, ist im Grunde Gnade gewesen. Gott hat die Menschheit vor einer Massierung menschlicher Macht, die zur Eskalation der Herrschaft des Menschen über den Menschen geführt hätte, bewahrt. Einheit in Gott – das ist Gemeinschaft, Gemeinde Gottes; »Einheit« ohne Gott – das muß Terror ergeben, quälende Unfreiheit in diktatorisch-bürokratischer Zivilisation.

Arche Noah: Rettung durch den Glauben

> »Und der Herr sprach zu Noah: Geh in die Arche, du und dein ganzes Haus; denn dich habe ich gerecht erfunden vor mir zu dieser Zeit.« 1. Mose 7, 1

Immer wieder hören wir in der Bibel den Aufruf, ja die Werbung zur Umkehr. Das Gericht kommt nicht, ohne daß vorher zur Buße gerufen wurde. Der Mensch hat die Wahl –; Ninive z. B. wurde durch eine Bußhaltung gerettet. Dieser Aufruf zur Buße enthält tödlichen Ernst; die Warnung vor Gottes Gericht.

Wie reagiert der Mensch auf den Aufruf zur Umkehr?

Er *kann* mit Abwehr und Gleichgültigkeit reagieren und das Gericht Gottes nicht ernst nehmen. Jesus sagt (Luk. 17, 26–30): »Und wie es geschah in den Zeiten Noahs, so wird es auch geschehen in den Tagen des Menschensohnes: sie aßen, sie tranken, sie freiten, sie ließen sich freien, bis auf den Tag, da Noah in die Arche ging und die Sintflut kam und brachte sie alle um. Desgleichen wie es geschah zu den Zeiten Lots. Sie aßen, sie tranken, sie kauften, sie verkauften, sie pflanzten, sie bauten. An dem Tage aber, als Lot aus Sodom ging, da regnete es Feuer und Schwefel vom Himmel und brachte sie alle um. Auf diese Weise wird es auch gehen an dem Tage, wenn des Menschen Sohn wird offenbar werden.«

Also: So wie es damals war, so ist es heute, und so wird es sein im letzten Gericht, wenn Christus wiederkommt. Auf die Gleichgültigkeit antwortet Gott nur noch mit dem Gericht.

Der Bericht über die Flut zeigt aber nicht nur das Gericht, sondern Bewahrung des Gerechten und unerhörte und unerklärliche Gnade. Der Regenbogen ist das Zeichen des Bundes, den Gott aufgerichtet hat, nachdem die Stunde der Heimsuchung vorübergegangen war. Nachdem Noah mit seiner Arche sicher gelandet war, darf er in diesem Bogen das Zeichen der Rettung und der Versöhnung mit Gott sehen. Der Halbbogen ist wie die Mondsichel Zeichen des Schwertes, und das Schwert wiederum ist das Zeichen dafür, daß Gott im Kampf gegen das Böse siegt: »Zu der Zeit wird der Herr heimsuchen mit seinem harten, großen und starken Schwert den Leviathan, die flüchtige Schlange, und den Leviathan, die gewundene Schlange, und wird den Drachen im Meer töten« (Jes. 27, 1). Der Regenbogen zeigt also auf das Siegesschwert Gottes. Er erinnert an den Halbmond, also an den Neumond. Deswegen ist die Mondsichel Symbol dafür, daß Gott siegt. Von hier aus verstehen wir auch, daß das jüdische Neujahrsfest im Zeichen des Halbmondes, des siegenden Gottes begangen wird. Und dieses Neujahrsfest ist immer beides: Fest der Buße, Fest des himmlischen Gerichtstages und Fest der Bewahrung im Gericht.

Im Zeichen dieses Bogens, also im Zeichen des Sieges Gottes, wird Noah versprochen, daß Tag und Nacht, Hitze und Frost nicht aufhören sollen. Es kommt kein Paradies nach der Sintflut. Aber der Leviathan wird überwältigt werden. Jesus Christus wird kommen und ihm die Macht nehmen, und in jedem Menschen wird der Kampf um die Entscheidung stattfinden: Rettung oder Untergang. Bis zur Wiederkunft Christi am jüngsten Tag wird die Erde bestehen. (Und wenn wir sehen, daß die Strukturen dieser Erde sich auflösen, daß die Umwelt verdorben und vernichtet, der Mensch »umstrukturiert« wird – dann wissen wir eben, daß das Ende aller Dinge nahe und gekommen ist.)

Warum wurde Noah gerettet?

Im Brief an die Hebräer (11, 7) heißt es, daß Noah glaubte, und daß er durch seinen Glauben gerettet wurde. Der hebräische Wortsinn von Noah heißt »in Gott ruhen«. Noah ruhte in Gott und ist deswegen das Gegenbild Kains, des Werkgerechten und auch das Gegenbild Nimrods, des Gewaltigen. *Diese* nahmen die Kraft *aus sich*, Noah nahm die Kraft *aus dem Herrn*.

Der Glaube Noahs war nicht ohne Tat im Gehorsam. Noah baute die Arche. War es nicht eine Ungeheuerlichkeit, ein Riesenschiff auf dem Trockenen zu bauen? War es nicht absurd, mitten auf dem Land, da wo kein Wasser weit und breit zu sehen war, ein Schiff zu bauen? Aus Glauben handeln hieß hier wider den Augenschein und alle Vernunft handeln. Hier zeigt sich der Glaube – wie es im Hebräerbrief heißt – als eine gewisse Zuversicht dessen, was man nicht sieht. Der Glaube zersprengt die Kategorien des Denkens. Aber er hat es dennoch oder gerade deswegen mit den Realitäten zu tun, nämlich mit supralogischen, mit den göttlichen. Noah glaubte – dadurch war er für die Realität der Sintflut gerüstet. Die anderen glaubten nicht, deswegen lebten sie gegen die Realität und wurden vom Chaos der Sintflut überfallen.

Eine gute Beobachtung, auf die Billy Graham in seinen Evangelisationen oft hingewiesen hat, ist die, daß Gott selbst die Arche zuschloß (1. Mose 6, 16). Damit soll gemeint sein, daß Noah von Gott selbst bewahrt ist: »Deine Wogen und deine Wellen sind über mich hinweggegangen.« Der schottische Theologe Mackintosh schreibt in seinen »Gedanken zum 1. Buche Mose«: »Nichts kann die vollkommene Sicherheit des Gläubigen in Christus besser ausdrücken als die Worte: Und der Herr schloß hinter ihm zu. Wer könnte öffnen, was Gott verschlossen hat? Noah war mit seiner Familie so sicher, wie Gott ihn in Sicherheit bringen konnte. Keine Macht der Engel, der Menschen oder des Teufels konnte die Tür der Arche aufbrechen und das Wasser hineinlassen, denn die war verschlossen durch dieselbe Hand, die das Fenster des Himmels öffnete und die Quellen der großen Tiefe aufbrechen ließ.«

Das Neue Testament sieht in der Geschichte von der Sintflut eine noch tiefere Bedeutung. Die Sintflut, in der Noah gerettet wurde, nimmt – nach den Aussagen des Neuen Testamentes – vorweg, was die Christen in der Taufe erfahren. Der Apostel Petrus schreibt (1. Petr. 3, 20f.): ». . . von den Zeiten Noahs, da man die Arche zurüstete, in welcher wenige, das ist acht Seelen, gerettet wurden durchs Wasser hindurch. Was jenen da widerfahren ist, das geschieht nun in der Taufe zu eurer Rettung. Denn in der Taufe wird nicht die Unreinlichkeit am Fleische abgetan, sondern wir bitten Gott, daß er uns ein gutes Gewissen schenke durch die Auferstehung Jesu Christi, welcher ist zur Rechten Gottes, aufgefahren gen Himmel, und sind ihm untertan die Engel und die Gewaltigen und die Kräfte.«

Taufe bedeutet also, daß man aus Sündennot gerettet wird durch den, der über die Engel und Gewaltigen und Kräfte, also über die Mächte der Zerstörung gebietet, und das ist jener Gott, der sich in Christus geoffenbart hat. Die Taufe ist das Zeichen dafür, daß wir durch Buße und Glauben gerettet werden. Wir bitten um Abwaschen der Schuld und geloben Ganzhingabe – *und Gott gibt uns neues Leben in Christus*. Jeder Mensch hat in seinem Leben seine eigene kleine Sintflut. Es gibt da viele kleine Katastrophen, die für diesen oder jenen genau so wichtig, unheimlich bedrückend und quälend und herausfordernd sind wie jene Sintflut, die Noah erleben mußte. Kein Leben bleibt vor Katastrophen bewahrt, und deswegen lesen wir ja auch das Alte Testament: um dessen unmittelbare Bedeutung auch für uns zu erkennen. Was jenen widerfuhr, das geschieht uns zur Belehrung. Also: Wenn wir *vertrauen* wie Noah, werden wir *gerettet* wie Noah.

5. Kapitel

Als Auserwählte überleben

Abraham: Am Anfang war die Erwählung

> »Und der Herr sprach zu Abraham: Geh aus deinem Vaterland und von deiner Verwandtschaft und aus deines Vaters Hause in ein Land, das ich dir zeigen will. Und ich will dich zum großen Volk machen. Und will dich segnen und dir einen großen Namen machen und du sollst ein Segen sein. Ich will segnen, die dich segnen, und verfluchen, die dich verfluchen: Und in dir sollen gesegnet werden alle Geschlechter auf Erden.«
>
> 1. Mose 12, 1–3

In Noah überlebte die Menschheit. Die vornoachitische Menschheit wurde nicht gerettet, sie ging unter. Nur Noah und seine Familie überstanden die Flut. Warum gerade Noah?

Gott wählte ihn aus, als die Sintflut kam. Er bewahrte den erwählten Noah vor der Macht der Zerstörung. Am Beispiel Noahs erkennen wir zum erstenmal deutlich, was erwählendes und rettendes Handeln Gottes bedeutet.

Abraham wird nicht vor dem Untergang in der Sintflut bewahrt, sondern vor dem Verderben durch Abgötterei. Auch Abraham wird erwählt zur Rettung, zum Überleben. In Abraham sehen wir den Anfang der Gemeinde, die herausgerufen wird aus einer zum Untergang bestimmten zwiespältigen Menschheit. In Noah überlebte die Menschheit, in Abraham überlebt das Gottesvolk, die Gemeinde.

Der Sinn des Wortes Abraham ist »Vater vieler Völker«. Abraham wurde herausgerufen aus der heidnischen Welt, zunächst aus Ur, dem Mittelpunkt Babylons im 3. Jahrtausend v. Chr. Noch heute sehen wir die – wieder ausgegrabenen – Tempel als Zeugen damaliger Abgötterei.

In dem Bestseller »Und die Bibel hat doch recht« (seit 1955 mehrere

Auflagen) hat Keller einen Eindruck von der Welt vermittelt, die Abraham damals verließ: »Heute ist Ur eine Bahnstation, 190 Kilometer von Basra in der Nähe des Persischen Golfes, einer der vielen Halteplätze der berühmten Bagdadbahn. Der fahrplanmäßige Zug hält dort kurz im ersten Morgengrauen. Wenn der Lärm der nach Norden weiter rollenden Räder verhallt ist, umschließt den Reisenden, der hier ausstieg, die Lautlosigkeit der Wüste.

Sein Blick gleitet über das monotone Gelbbraun endloser Sandflächen. Es ist, als stehe er inmitten eines riesigen flachen Tellers, den nur der Schienenstrang durchschneidet. Ein einziger Punkt unterbricht die flirrende trostlose Weite. In den Strahlen der aufgehenden Sonne leuchtet ein mächtiger Stumpf im matten Rot auf. Es sieht aus, als hätte ein Titan tiefe Kerben hineingeschlagen.

Den Beduinen ist dieser einsame Kegel wohlvertraut, in dessen Spalten hoch oben die Eulen nisten. Sie kennen ihn seit undenklichen Zeiten und nennen ihn Tell-al-Muquayyar, »Berg der Stufen«. Ihre Vorfahren haben zu seinen Füßen ihre Zelte aufgeschlagen. Heute wie seit undenklichen Zeiten bietet er willkommenen Schutz vor den gefährlichen Sandstürmen. Zu seinen Füßen lagern noch heute Hirten mit ihren Herden, wenn die Regenzeit plötzlich Gras aus dem Boden zaubert.

Einst – vor viertausend Jahren – wogten hier weite Weizen- und Gerstenfelder, dehnten sich Gemüsekulturen und Haine von Dattelpalmen und Feigenbäumen, soweit der Blick reichte – Großanlagen, die einen Vergleich mit kanadischen Weizenfarmen oder kalifornischen Gemüse- oder Obstplantagen getrost aushalten könnten. Das üppige Grün der Äcker und Beete war von einem schnurgeraden System von Kanälen und Gräben durchzogen, Meisterwerken der Bewässerungskunst.«

Es war eine hochzivilisierte Welt, aus der Abraham damals herausgerufen wurde. Er wurde herausgerufen, um die Wahrheit zu erkennen und vor der Abgötterei bewahrt zu werden. In dieser Abgötterei wurden Männer oder Frauen als Götter dargestellt, führten Götter miteinander Kriege und forderten von den Menschen grausame Opfer. Es war eine durchsichtige und überschaubare Götterwelt, in der es keine Geheimnisse gab, in der es menschlich – unmenschlich zuging.

Wir haben heute dazu Parallelen.

Wer jedoch zur Gemeinde Gottes gehören will, muß sich herausrufen lassen aus jeder Abgötterei. Dafür wird er eintreten in den Heilsstrom Gottes, der durch diese zwiespältige Welt hindurchgeht. Er wird auf dem Felsen stehen, den Gott aufgerichtet hat in einer chaotischen Welt, um zu überleben. – Wie der Prophet Jesaja sagt (51, 1): »Abraham ist der Fels, aus dem Israel gehauen ist.« Anders ausgedrückt: Der Ruf, der an Abraham erging, weckte in ihm das Echo des Glaubens – eines Glaubens, stark wie ein Felsen. Das ist der Anfang der Gemeinde – das ist mit anderen Worten auch der Anfang der Kirche. Daß Abraham diesem Rat gehorsam war und herausging aus Ur, ist von einzigartiger Bedeutung. Die Welt bleibt in ihrer Zwiespältigkeit und steht am Rande des Chaos. Aber was durch die Berufung und die Antwort Abrahams geschah, setzte einen neuen Anfang, eben den Anfang jener Gemeinde, die durch die Pforten der Unterwelt nicht überwältigt werden kann (Matth. 16, 28).

Daß Gott Menschen aus dem Verderben zum Leben erwählt, können wir genausowenig verstehen, wie dieses, daß Gott die Welt und den Menschen aus dem Nichts geschaffen hat – daß er also eben nicht das Nichts, sondern die Schöpfung »wählte«.

Abrahams Sohn Isaak hatte wiederum zwei Söhne – Jakob und Esau. An ihrer Geschichte wird vollends klar, daß wir total unfähig sind, das erwählende Handeln Gottes zu erfassen.

Derjenige, der erwählt wird, Jakob, war eine zwiespältige Gestalt. Den Namen Jakob kann man übersetzen mit »Überlister« oder »Fersenhalter«. Jakob lebte seinen Plänen, die nicht immer korrekt waren. Er war ein ehrgeiziger Mensch. Schon im Mutterleib entbrannte der Streit zwischen Jakob und Esau, seinem Bruder. Jakob wollte der erste sein und seinen Bruder an der Ferse festhalten, er kämpfte um das Erstgeburtsrecht, bevor er geboren war. Jakob war – wie viele Kommentatoren betonen – »nicht von hohem sittlichem Niveau«. Die weitere Geschichte seines Lebens bestätigte das nur zu gut. Mit einem Linsengericht erschlich er sich das Erstgeburtsrecht, und später betrog er seinen Bruder um den Segen. Jakob stellte immer wieder seine Gedanken gegen Gottes Gedanken und seine Pläne gegen Gottes Pläne. Und dennoch hatte Gott gerade ihn erwählt.

Esau war ein Mann der Jagd. Wenn wir die Herkunft seines Namens im Arabischen weiter verfolgen, kommen wir zu der Bedeutung ›Antichrist‹. (A. J. Jeremias, der bereits in diesem Buch zitierte Alttestamentler, hat diese erstaunliche Erkenntnis ausgesprochen.) Esau ist ein Typ des Antichrist. Bei all seiner Tapsigkeit und Sympathie gewinnenden Gutmütigkeit lebt Esau doch auf der ganzen Linie gegen Gott. In der späteren jüdischen Überlieferung und dann in der gesamten rabbinischen Literatur ist Esau der Mann der Unterwelt, soviel wie ein Repräsentant des Teufels. Er ist Symbolfigur für das Unberechenbare und ungestüm Fleischliche. Er ist wie Kain der Mensch, der möglichst ohne »den Umweg« des Vertrauens und Glaubens seinen Erfolg buchen möchte.

Der Geist Esaus lebt in der Gemeinde Gottes weiter, nicht nur heute, sondern bis zur Wiederkunft Jesu Christi. Esau ist Symbol für alle, die in der Kirche wegen eines Linsengerichtes, wegen eines Blitzerfolges aus falscher Ich-Liebe das Erstgeburtsrecht, d. h. die Kindschaft Gottes verspielen.

Kain war der »Erlösungsmacher« der vornoachitischen Menschheit und steht bis heute stellvertretend für alle irdischen »Heilsbringer« und Führergestalten. Esau war der Aktivist in der Gemeinde Gottes und steht stellvertretend für die eigensüchtigen Könner in der Gemeinde des Alten und dann auch des Neuen Testamentes. Esaus Wesen wird sich in der Endzeit steigern zur Gestalt des Antichristen, der ja nach den Aussagen des Apostels Johannes aus der Gemeinde kommt, obwohl er nicht zu der Gemeinde gehört! (vgl. 1. Joh. 2, 18.)

Glauben heißt überleben

> »Und er sprach: Laß mich gehen, denn die Morgenröte bricht an. Aber Jakob antwortete: Ich lasse dich nicht, du segnest mich denn. Er sprach: Wie heißest du? Er antwortete: Jakob. Er sprach: Du sollst nicht mehr Jakob heißen, sondern Israel, denn du hast mit Gott und mit Menschen gekämpft und hast gewonnen.«
>
> 1. Mose 32, 27–29

Woher kann man wissen, daß man erwählt ist? Wer erwählt ist, der glaubt. Im Vertrauen auf und in der Liebe zu Gott, der uns aus dem

Verderben herausgerufen hat, können wir gewiß sein, daß wir erwählt sind. Eine andere Gewißheit als den Glauben gibt es nicht.

Über Abraham sagt der Apostel Paulus (Röm. 4, 3), daß Abraham glaubte, und daß ihm das zur Gerechtigkeit gerechnet wurde. Das Vertrauen stellt die Gemeinschaft mit Gott wieder her. Aus dieser Gemeinschaft mit Gott heraus können wir überleben und *leben*.

Allgemein über den Glauben zu reden, hat wenig Sinn. Glaube ist immer die Begegnung zwischen Gott und Menschen – in einer ganz bestimmten Situation. Das sehen wir am Beispiel von Abrahams Begegnung mit Gott.

Abraham hatte einen Sohn. Zunächst war da keine Hoffnung mehr auf einen Sohn gewesen. Abraham war zwar herausgerufen, um der »Vater vieler Völker« zu werden, aber er war ein Vater ohne Sohn. Er war sehr lange Zeit ein Vater ohne Sohn. Vielleicht fiel er in Verzweiflung, vielleicht haderte er schon mit Gott, wir wissen es nicht. Aber dann kam die Verheißung, das Wort Gottes: Du wirst einen Sohn haben! Nun war er schon lange ein alter Mann, und seine Frau war schon lange eine alte Frau. Da war nun eigentlich nichts mehr zu hoffen. Aber Abraham nahm das Wort an, er bekam Zuversicht in einer Situation, wo nach menschlichen Maßstäben nichts mehr zu erwarten war.

Abraham glaubte.

Abraham bekam einen Sohn!

Abraham überlebte.

Aber Abraham – so schien es – sollte seinen Sohn nicht lange haben. Wieder erging das Wort Gottes an ihn: Gib mir deinen Sohn! Abraham sollte seinen einzigen Sohn opfern. Auf dem Berge Morija sollte er es tun – und Abraham ging, weil er *dennoch Gott vertraute*.

(Dort, wo Abraham seinen Sohn Isaak opfern sollte, wurde später der Tempel errichtet. Dieser Tempel wurde zweimal zerstört. Heute sehen wir dort die Reste dieses Tempels: die Klagemauer. Und neben der Klagemauer steht der Felsendom, das Heiligtum des Islam – genau da, wo der Tempel von Jerusalem stand und wo Abraham seinen Sohn Isaak opfern sollte.) Was heißt Morija?

Abraham machte sich auf den Weg mit seinem Sohn Isaak, der nicht wußte, daß er selbst geopfert werden sollte. Er sah aber, daß sein Vater ein Schächtmesser und ein Kohlebecken bei sich hatte. Isaak sah seinen Vater für den Opferdienst »ausgerüstet« und fragte, wo denn das Opfertier sei.

Darauf die bedeutungsvolle Antwort Abrahams: »Der Herr wird ersehen.« Morija heißt nun in der Urbedeutung des hebräischen Wortes, daß der Herr ersehen wird. Abrahams Vertrauen zu Gott war bedingungslos. Nicht in dem Sinne, daß er im Glaubensegoismus bereit gewesen wäre, sein einziges Kind zu töten. Sondern – wie es im Hebräerbrief heißt (Hebr. 11, 9) ». . . indem er urteilte, daß Gott auch aus den Toten zu erwecken vermag . . .« also im Glauben an den Gott, der auch Tote zum Leben erwecken kann, war er bereit, seinen Sohn zu opfern. Nicht aus mangelnder Vaterliebe oder Gehorsam aus Feigheit, wie vielleicht moderne Kommentatoren sagen würden. Er gab ein Beispiel des absoluten Vertrauens zu dem Gott, der dem, was nicht ist, ruft, daß es sei.

Und Gott ›ersah‹! Isaak brauchte nicht geopfert zu werden, es fand sich ein Tier, das Abraham opfern konnte. Sein Sohn sollte am Leben bleiben. Abraham hatte durchgestanden und überwunden – er hatte im Glauben Leben gewonnen. Und wie er im Glauben überlebte, so überlebt jeder, der an Gott glaubt – so überlebt die Gemeinde, die im Glauben an Gott gegründet ist. Denn diese Geschichte von Abraham geht jeden an, den Gott erwählt hat. Jeder muß durch den Punkt hindurch, wo nichts mehr zu hoffen oder zu erkennen ist und nur der Glaube bleibt, daß Gott einen Weg »ersehen wird«, daß er in der Ausweglosigkeit dem, was nicht ist, ruft, daß es sei!

So wie Abraham mußte auch Jakob lernen, was Glaube heißt. Wie gesagt – Jakob war der Listige. Er vertraute seinen Plänen und Gedanken, und da war wohl manchmal Gott fern von ihm. Aber er rannte sich in seinen Plänen fest. Es passierte, was er so gerne vermieden hätte. Er mußte seinem Bruder Esau, den er betrogen hatte, gegenübertreten und hatte Angst. Jakob fürchtete die Rache des Bruders. Er hatte Angst um sein Leben. Jakobs Angst war die Angst der Vertrauenslosigkeit, die keinen Weg Gottes sieht.

Die Nacht vor der Begegnung war eine Nacht der Angst. Jakob war allein am Flusse Jabbok. Und in dieser Nacht wurde Jakob von

Gott überfallen. Da rang ein »Mann« mit ihm, bis die Morgenröte anbrach (1. Mose 32, 23). Dieser Kampf mit Gott oder einem Engel Gottes am Jabbok (oder am Pniel) wird für uns stets undurchschaubar und unvorstellbar bleiben. Wer will in seine Vorstellungswelt hineinbringen, was sich damals zwischen Gott und Jakob abspielte? Rang er mit Gott, rang er mit einem Engel? Keiner weiß, was dort »im einzelnen« geschehen ist. Nur dieses wissen wir, Jakob kämpfte – und siegte ». . . denn du hast mit Gott und mit Menschen gekämpft und hast gewonnen« (1. Mose 32, 29).

Wer aber kann hier folgen, wenn es heißt »über Gott siegen«?

Der Prophet Hosea (12, 4) gibt eine Deutung dieses Kampfes: »In seiner Manneskraft kämpfte er mit Gott. Er kämpfte mit dem Engel und *überwand,* er weinte und flehte zu ihm«.

Die Kirchenväter, die diese Stelle kommentiert haben, waren allgemein der Meinung, daß Jakob in einem Gebetskampf gewesen sei. Im Gebet blieb Jakob beharrlich. Und in diesem Gebet brach er durch. Er spürte, daß er im Gebet zu Gott gekommen war. Er überwand sich. Im Gebet hatte ihn Gott erhört – er hatte sich von ihm besiegen lassen.

In diesem schwer verständlichen Text liegt praktisch eine Übersicht über unser Zentralthema: »Als Auserwählte überleben«. *Gott erwählt.* Die Erwählung wird im *Glauben* erkannt. Der Glaube geht durch die härteste Bewährung. Aber durch Vertrauen läßt Gott sich, sein Recht, besiegen, und er gibt Gnade, er segnet! Hinter allem, hinter jedem Schritt steht das erwählende Handeln Gottes mit uns! Jakob schlägt er auf die Hüfte – zum Zeichen dafür, daß alles, was geschehen ist, aus seiner Kraft gekommen ist.

Eine Zusammenfassung dessen, was in diesem Kapitel bedacht wurde, gibt der Apostel Paulus im achten Kapitel des Römerbriefes: »Wir wissen aber, daß denen, die Gott lieben, alle Dinge zum besten dienen; denen, die nach dem Vorsatz berufen sind. Denn welche er zuvor ersehen hat, die hat er auch verordnet, daß sie gleich sein sollen dem Ebenbild seines Sohnes, auf daß derselbe der Erstgeborene sei unter vielen Brüdern. Welche er aber verordnet hat, die hat er auch berufen; welche er aber berufen hat, die hat er auch gerecht gemacht. Welche er aber gerecht gemacht hat, die hat er auch herrlich gemacht . . . In dem allem überwinden wir weit durch den, der uns geliebt hat. Denn ich bin gewiß, daß weder Tod noch Leben, weder Engel noch Fürstentümer noch Gewalten, weder Gegenwärtiges noch Zukünftiges, weder Hohes noch Tiefes noch keine andere Kreatur kann uns scheiden von der Liebe Gottes, die in Christus Jesus ist, unserem Herrn.«

6. Kapitel

Antwort auf Herausforderungen

(Exkurs zum 1. Hauptteil)

Ist die Welt des Teufels?

Viele Christen sind sich zwar darüber einig, daß der Mensch ein Sünder ist, gleichzeitig aber meinen sie, daß die Natur gut und vollkommen sei. Daß der Adler den Hasen schlägt, war zum Beispiel für den bedeutenden mittelalterlichen Theologen Thomas von Aquin völlig »in Ordnung«. In diesem Zusammenhang wollte er von der Macht des Bösen nichts wissen. In der Orthodoxie des Ostens hat man über die Natur seit je anders gedacht. Hier wußte man immer, daß die Schöpfung eine gefallene Schöpfung ist, die sich nach Erlösung sehnt. Aber auch die Reformatoren, so vor allem Luther, wußten um die Nichtigkeit der gefallenen Schöpfung. Für sie war diese Welt nicht in Ordnung.

Heute ist wieder, vor allem durch die Denkarbeit des in der ersten Hälfte dieses Jahrhunderts wirkenden Theologen Karl Heim, die echte biblische Erkenntnis von der gefallenen Welt in Erinnerung gerufen worden. Die romantische oder idyllische Auffassung der Natur hat man in dem Maße fallen lassen, wie man geistlichen Aufschluß über die Natur erhielt. Im achten Kapitel des Römerbriefes ist die Rede vom Seufzen und Harren der Kreatur. Mit Kreatur ist hier gewiß nicht – wie der Tübinger Theologe Adolf Schlatter meinte – der Mensch gemeint, sondern die Schöpfung überhaupt. In jenem denkwürdigen Streit der beiden Tübinger Theologen Karl Heim und Adolf Schlatter um das Verständnis von »Kreatur« ist das Recht ganz eindeutig bei Karl Heim, der die Zwiespältigkeit der Welt wie wohl kein anderer Theologe des zwanzigsten Jahrhunderts ergründet und bis in die Struktur der atomaren Welt hinein dargelegt hat.

Der von uns bereits mehrfach zitierte B. J. Ouweneel schreibt: »Vermutlich war die Erde, ehe Satan zu Fall kam, der Herrschaftsbereich Satans. Die Tatsache, daß manche Engel »Morgensterne« genannt werden, scheint anzudeuten, daß sie über Himmelskörper gesetzt sind. Jedenfalls hat der Satan auch nach seinem Fall noch immer einen starken Einfluß auf die Erde. Er konnte mit Recht sagen, daß alle Reiche des Erdkreises mit all ihrer Macht und Herrlichkeit ihm übergeben waren (Luk. 4, 5. 6). Einige seiner Teufel oder Dämonen sind als »Engel Satans« (vgl. 2. Kor. 12, 7) über bestimmte Gebiete der Erde bestellt und werden »Fürst des Königreichs Persien«, »der Fürst von Griechenland« usw. (Dan. 10, 13. 20) genannt. Der Satan durchstreift auch beständig sein Gebiet (Hiob 1, 7; 2, 2). Seit dem Kreuz wird er der »Fürst dieser Welt« oder »dieses Zeitlaufes« (Joh. 12, 31; 14, 30; 16, 11) und der »Gott dieser Welt« genannt (2. Kor. 4, 4). Es scheint daher auf der Hand zu liegen, daß auch vor seinem Fall die Erde sein Herrschaftsbereich war und daß sie durch seinen Sturz in Verfall geriet.«

Daß die Erde eine gefallene Erde und somit alle Schöpfung eine zwiespältige Schöpfung ist, behauptet auch Merrill F. Unger im ersten Band der Reihe »Bibel aktuell«. Seiner Meinung nach weist das Wort »schuf« nicht auf jenes Wirken Gottes hin, durch das er einst das Universum »ex nihilo« (aus dem Nichts) ins Dasein rief. Unger meint, daß es sich hier um eine Umgestaltung der Erde und des gestirnten Himmels in einer viel späteren Zeit der geologischen Geschichte handele. Die ursprüngliche Erde, die »aus dem Nichts« geschaffen war, ging aus den Händen Gottes hervor, bevor die Sünde in Gottes sündloses Universum einbrach. Unger erinnert dabei an Hesekiel 28, 13–15 und vor allem an Jesaja 14, 12. Damals war das Universum noch die Wohnstätte der ursprünglich gut geschaffenen Engelwesen (Hiob 38, 4; Jes. 45, 18). Unger meint, daß die ursprünglich sündlose Erde der Ort war, wo die Sünde durch eine Revolte Satans in einem bis dahin sündenfreien Universum ihren Anfang nahm (Jes. 14, 12–14; Hes. 28, 13; 15–17).

Wir werden allerdings zurückhaltend sein müssen, wenn wir ergründen wollen, warum diese Welt eine zwiespältige Welt geworden ist. Gerade an diesem Punkt bestand und besteht die Versuchung, zu spekulieren und begreifen zu wollen, wo man nicht begreifen kann und worüber die Bibel schweigt. Warum hat denn Gott eine Welt geschaffen, wenn es möglich sein konnte, daß diese Welt – wie auch immer – zu einer gefallenen Welt wurde? An dieser

Frage wird zunächst jedes Denken zerbrechen. Wir gehen einfach von der Realität des biblischen Textes aus, der eben bezeugt, daß diese Welt eine zwiespältige Welt ist – also eine Welt, die im Kampf zwischen Licht und Finsternis steht; die aber durch Gottes Handeln bewahrt und dereinst in die Vollkommenheit – allerdings durch das Gericht hindurch – verwandelt werden wird. Aber dieses müssen wir unbedingt festhalten: Nicht von Ewigkeit her stehen Satan und Gott einander gegenüber. Auch die Macht des Bösen ist als ursprünglich gut von Gott geschaffen worden und hat sich dann gegen Gott empört. Wir können weder verstehen noch erklären, warum der Aufstand gegen Gott aus seiner Schöpfung gegen ihn selbst und gegen seine Schöpfung gekommen ist. Wir sehen aber, daß es in diesem Aufruhr gegen Gott, diese zugleich schöne, aber auch schmerzbefangene Welt gibt. Wir sehen die Realitäten, und die Bibel spricht von diesen Realitäten.

Umstrittenes Sechs-Tage-Werk

Daß Gott die Welt in sechs mal vierundzwanzig Stunden geschaffen habe, gehört für »modernes Denken« zu den Absurditäten abergläubischer Welteinschätzung. Deswegen versuchen auch die meisten zeitgenössischen Theologen diese »sechs Tage« als eine überholte, weil zeitgebundene Betrachtung der Weltentstehung abzutun und verstehen diese Tage »gleichnishaft«, indem sie »Tag« im weiteren Sinne des hebräischen Wortes mit »Zeitraum« gleichsetzen. Wer aber auf diese Weise das moderne Weltbild – insbesondere die Evolutionstheorie – im biblischen Schöpfungsbericht »unterbringen« will, wird, gerade wenn er die Ergebnisse naturwissenschaftlicher Erkenntnisse respektieren möchte, auf empfindliche Widersprüche stoßen. Sie sollen uns im einzelnen hier nicht bewegen; Samuel Külling, der Rektor der Freien Evangelisch-Theologischen Akademie in Basel, hat sie in der Zeitschrift »Bibel und Gemeinde« 1975 in überzeugender Weise zusammengestellt.

Im Gespräch um »biblisches Tagewerk und gegenwärtige Naturerkenntnis« müssen wir uns immer dieses vor Augen halten: Was die Naturwissenschaft über die Entstehung der Welt aussagt, ist Theorie und nicht nachprüfbare Realität, also nicht im engeren Sinne Wissenschaft. Denn Wissenschaft im engeren Sinne ist eben die durch Experimente nachprüfbare Richtigkeit. Ganz einfach ausgedrückt: Als die Welt entstand, war kein Mensch dabei, und es konnte niemand registrieren, was geschah. Die Entstehung der Welt können wir auch nicht im Experiment wiederholen, um nachträglich zu ergründen, was sich wirklich einmal abgespielt hat. So sind wir eben – wissenschaftlich gesprochen – auf Theorien oder Hypothesen angewiesen. Eines aber müssen wir dabei festhalten: die Trennung von Glaubensaussagen und Seinsaussagen, das heißt: daß der Glaube, so wie er in der Bibel zur Aussage kommt, eben nichts mit der Welterkenntnis zu tun habe, ist absurd. Es gibt nur eine Wahrheit für Welt, Seele, Mensch und Kosmos. So schreibt Samuel Külling (»Bibel und Gemeinde«, 1975, 1): Es gilt nicht nur für den Schöpfungsbericht, sondern auch für andere naturwissenschaftliche, geschichtliche und weitere Aussagen, daß man sie nicht von den Glaubensaussagen trennen kann. So sagt Jauncey in »Naturwissenschaft auf den Spuren Gottes« (1964): ›Glaube, Naturwissenschaft und Geschichte sind ja nicht getrennte Gebiete unseres Wissens, sondern lediglich Kategorien, die wir der besseren Verständigung wegen benutzen. Zum Beispiel betrifft der Bericht von der Auferstehung Jesu den Glauben, die Naturwissenschaften und die Geschichte, je nachdem, von welchem Gesichtspunkt aus wir diesen Bericht betrachten. Nehmen wir einen Aspekt fort, so stürzt das Ganze zusammen. Oder ein anderes Beispiel: »Wenn man die naturwissenschaftlichen und geschichtlichen Aussagen Jesu als zeitbedingt ansieht, warum nicht auch seine religiösen?« Das ist – so folgert Samuel Külling – auch übertragbar auf den Schöpfungsbericht der Bibel.

Zum »Gespräch Naturwissenschaft-Bibel« schreibt Külling weiter: »Damit bestreiten wir nicht jeden Wahrheitsgehalt wissenschaftlicher Ergebnisse, nur ihren Absolutheitsanspruch oder ihren Offenbarungscharakter. Gott verlangt von uns auch nicht, Tatsachen zu leugnen oder zu bestreiten . . . solange wir die Grenzen und Wandlungen der Naturwissenschaften im Auge behalten und dem Schriftsinn keine Gewalt antun, dürfen wir die heutigen Resultate der Naturwissenschaft mit dem Schöpfungsbericht vergleichen. Aber wir dürfen von solchem Vergleich nicht mehr erwarten, als er zu geben vermag.« Auch muß man – so folgert Samuel Külling – bedenken, daß zwar der Schöpfungsbericht naturkundliche Aussagen macht, die man nicht ausklammern darf und die eine unmittelbare Bedeutung für unser Leben haben, daß man sich aber gleichzeitig immer wieder daran erinnern muß, daß es in der Bibel nicht darum geht, ins Detail hinein Aussagen über die Natur und ihre Entstehung zu bringen. Damit bestätigt sich die These dieses Buches, daß die Bibel kein Weltbild gibt und daß sie das, was am Anfang geschah, nicht in ein für uns zu begreifendes Bild hineinzwingt.

Was im Sechs-Tage-Werk berichtet wird, ist Schöpfungshandeln an einer gefallenen Schöpfung. Das gibt uns ganz andere Möglichkeiten, über die sogenannten geologischen Perioden und die ihnen zugeordneten Zeiträume nachzudenken. Und auch daran sollte man sich erinnern, worauf Augustin wohl als erster hingewiesen hat, daß Gott mit dem Raum auch die Zeit geschaffen hat. Er hat eine Welt geschaffen, die ihre Zeit und damit auch ihre Geschichte gleichsam in *einem* Augenblick empfing. Als zum Beispiel Jesus auf der Hochzeit zu Kana Wasser in Wein verwandelte, und zwar in einen kostbaren Wein, hat er in einem augenblicklichen Schöpfungsakt das Alter des Weines – also seine Geschichte – mitgeschaffen.

Damit ist vom Schöpfungsglauben her die Methode in Frage gestellt, etwa durch die (übrigens sehr unsichere) Bestimmung des Alters der Erde den zeitlichen Anfang des Kosmos oder unseres planetarischen Systems festzusetzen.

Weil – leider – im deutschsprachigen Raum anglo-amerikanische Veröffentlichungen, die die Evolutionstheorie kritisch bedenken und für ein biblisches Schöpfungsverständnis eintreten, nicht gern zur Kenntnis genommen und deswegen auch nicht übersetzt werden, sei hier aus einer großen Auswahl auf einige in Deutschland weitgehend unbekannte Werke hingewiesen: J. Whitcomb »The Early Earth« (6. A. 1972). J. W. Klott: »Genes, Genesis and Evolution« (1955), D. Dewar: »The Transformist Illusion« (1957), R. E. Clark: »Darwin: Befor and After« (1958), F. J. Meldau: »Why we Believe in Creation, not in Evolution« (1959), P. A. Zimmermann: »Darwin, Evolution und Creation« (1959), E. Shute »Flaws in the Theory of Evolution«, H. M. Morris: »Study in the Bible and Science« (beide 1966), A. E. Wilder-Smith: »Herkunft und Zukunft des Menschen« (1972), »Die Erschaffung des Lebens« (1972), hier auch weiterführende Hinweise zur Literatur. B. Davidheiser: »Evolution and Christian Faith« (1969), Samuel Külling: »Schöpfungsbericht und naturwissenschaftliche Fragen« in »Bibel und Gemeinde« (1975), H. M. Morris: »The Bible and Modern Science« (1968). Sehr allgemeinverständlich – manchmal etwas zu einfach: – D. Riegle: »Evolution – eine Irrlehre«? (1973).

Entwicklung oder Schöpfung?

Die Entstehung des Lebens durch Zufall ist auch und gerade nach wissenschaftlichen Maßstäben unwahrscheinlich. Manfred Eigen, Direktor des Göttinger Max-Planck-Instituts, hält die Entstehung des Lebens für einen Akt des Zufalls, räumt aber gleichzeitig ein, daß die Entstehung einfacher Zellen durch Zufall einem Wunder gleichkommen.

Naturwissenschaftler müssen also mit dem »Wunder« der Entstehung durch Zufall rechnen. Hier zeigt sich, daß die Evolutionstheorie, auch wenn sie mit Hunderten von Jahrmillionen für die Entstehung des Lebens aus einer Art »Ursuppe« rechnet, praktisch an ein Wunder glauben muß. –

Daß es mehrere Anfänge des Lebens gibt (bislang eine von der Evolutionstheorie verworfene Möglichkeit, denn dann müßte man ja mehrfach an ein solches biologisches Wunder »glauben«) hat unlängst John N. Moore von der Michigan-State-University behauptet und ist dabei zu dem Ergebnis gekommen, daß der Darwinismus als »unglaubwürdige Religion« abzulehnen sei. Die Untersuchung von Chromosomen und die Beobachtungen von Mutationen (also von sprunghaften Veränderungen der Erbanlagen) lassen die Entwicklungstheorie immer fragwürdiger werden. So wie sich die moderne Naturwissenschaft immer mehr von der Möglichkeit eines Weltbildes im Sinne des 19. Jahrhunderts löste, so scheinen die neuesten Ergebnisse naturwissenschaftlicher Forschung auf dem Bereiche der Fundamentalgenetik sich immer mehr von der neodarwinistischen Interpretation der Evolution zu lösen. Das heißt mit anderen Worten: Daß sich irgendwann, irgendwo und irgendwie durch Zufall Mutationen abspielen (das heißt Veränderungen der Erbanlagen), und daß dann im Kampf ums Dasein sich die guten Veränderungen der Erbanlagen durchsetzen, während die negativen zugrundegehen, ist unbewiesene Theorie. Alle Mutationen, soweit wir sie überhaupt beobachtet haben, haben meistens Degeneration, das heißt einen Verfall ihrer Art zur Folge. Nur *innerhalb* einer Art können sich durch Mutationen gewisse Veränderungen abspielen. Die führen dann aber nicht zu einem neuen Wesen, sondern nur zu einer Entfaltung *innerhalb* dieser Art. Die Entwicklung der Lebewesen aus einfachen Anfängen durch sprunghafte Veränderungen der Erbmaterie ist nicht *erwiesen,* sondern nur eine immer fragwürdiger werdende Theorie. Vielleicht sehen wir später einmal auf diese Theorie so zurück, wie wir heute auf jene Erklärungen der Weltentstehung zurückblicken, wie sie in den Mythen der alten Religionen gegeben sind.

Das Sterben der Weltbilder

Von »einem grausigen Mord an schönen Theorien durch häßliche Fakten« sprach unlängst auf einer Jahrestagung der amerikanischen physikalischen Gesellschaft der Yale-Professor Garry Steigman. Vor allem – so folgert dieser Forscher – sei das herkömmliche Verständnis für Materie total in Frage gestellt. Je mehr wir in die kleinsten Bausteine der Materie eindringen, umso fragwürdiger würden dann gerade jene Theorien, die darauf aufgebaut sind, daß es letzte kleinste und beobachtbare Einheiten der Materie gibt. Schon lange spricht man nicht mehr von Atomen als den Bausteinen der Welt. Heute ist die Rede von »Quarks«, also von kleinsten Energieeinheiten, die sich aber auch immer mehr nur als »Denkmodelle« erweisen und in ihrer »Faßbarkeit« da entschwinden, wo die Forschung sie greifbar machen möchte.

Die Ehrlichkeit verlangt von uns die Einsicht, daß Wissenschaftstheorien eben Theorien sind und als solche an die Grenze ihrer Darstellungs- und Vorstellungskraft gelangen. Es wird höchste Zeit, daß man die Wissenschaftsgläubigkeit, die wir so gern gegen die Glaubensaussagen der Bibel ins Feld geführt haben, aufgeben. Und das soll gerade um der »intellektuellen Redlichkeit« willen geschehen! Je nüchterner, konsequent ehrlicher und den Tatsachen geöffneter wir über die Welt nachdenken, um so eher werden wir die Aussagegehalte der Bibel erfassen und vom unwirklichen Streit zwischen Glauben und Denken fortkommen.

Die Bibel wörtlich nehmen?

In dem Maße, als sich etwa während der vergangenen zwei Jahrhunderte ein sogenanntes »neuzeitliches Weltbild« durchsetzte, wurde der biblische Schöpfungsbericht in die Welt der Sage, des Mythos oder der Legende verbannt. Auf diese Herausforderung haben unsere Theologen eigentlich zumeist mit Flucht, Kompromiß und Verlegenheit reagiert, statt klare Antworten zu geben. Zu den klaren – wenn auch nicht erschöpfenden – Antworten gehört das Dekret der päpstlichen Bibelkommission vom 30. Juni 1909. Die »zeitliche Erschaffung aller Dinge, die besondere Erschaffung des Menschen, die Bildung des ersten Weibes aus dem ersten Manne, die Einheit des Menschengeschlechtes, das anfängliche Glück der Stammeltern in einem Zustand der Gerechtigkeit und Unversehrtheit und Unsterblichkeit, ein göttliches Gebot für den Menschen zur Erprobung des Gehorsams, Übertretung dieses Gebotes auf Anstiften des Teufels unter der Gestalt der Schlange, Verstoßung der Menschen aus jenem Urzustand der Schuldlosigkeit und die Verheißung eines zukünftigen Erlösers . . .« werden als unaufgebbare Tatsachen der Offenbarung festgehalten.

Wenn sich für den Katholizismus der Mitte des 20. Jahrhunderts seitdem auch vieles in der Einstellung zur Bibel geändert hat und die sogenannte historische Kritik auch hier eingebrochen ist, so muß man dennoch anerkennen, daß zum Beispiel die Existenz des Teufels durch Entscheid der Glaubenskongregation von 1975 noch einmal ausdrücklich bestätigt und nicht als Mythos, Legende oder Märchen abgetan wurde. In diesem Dokument wird die Stellungnahme von Papst Paul VI. zur Diskussion katholischer Theologen über die personale Existenz des Teufels vom November 1972 zitiert: »Wer sich weigert, die Existenz der Dämonen anzuerkennen, verläßt den Bereich der biblischen und kirchlichen Lehre; ebenso, wer aus ihr ein in sich stehendes Prinzip macht, das nicht wie jegliche Kreatur von Gott seinen Ursprung hat, oder wer sie als eine Pseudo-Realität, als eine begriffliche und phantasievolle Personifizierung der unbekannten Ursachen unserer Übel erklärt.«

Ein Beispiel klarer protestantischer Stellungnahme haben wir von der Synode der *Gereformeerden Kerk* der Niederlande zu Assen. Der Amsterdamer Prediger J. G. Geelkerken hatte gelehrt, daß man den Bericht über den Sündenfall nur gleichnishaft, also nur symbolisch verstehen könne. Er meinte, daß Gottes Offenbarung über den Anfang der Welt und des Menschen mehr eine zeichenhafte Anpassung an unser irdisches Denkvermögen gewesen sei. Die Synode von Assen erklärte nun im Jahre 1926, daß das Sprechen der Schlange, das Paradies und der Baum der Erkenntnis im wörtlichen Sinne, also als geschichtliches Ereignis, zu verstehen seien. Als Geelkerken diese Entscheidung der Synode nicht akzeptierte, wurde er abgesetzt. Er trennte sich von der *Gereformeerden Kerk*, vierundzwanzig Gemeinden folgten ihm. Also kam es zu einer Kirchenspaltung über den Streit, ob die Schlange wirklich gesprochen habe.

Während viele Theologen (heute werden es mit Abstand die meisten sein) darin nur noch eine Art tragisch-komischer Theologendiskussion sehen, ist für andere diese Synode ein wichtiges Zeichen dafür, daß damals in jenem Bereich der Christenheit die Frage nach der Wahrheit ganz ernst genommen wurde. Etwa zehn Jahre später hat der reformierte, niederländische Theologe K. Schilder in einem Streitgespräch mit dem reformierten Prediger O. Noordman noch einmal betont, daß die Entscheidungen der Synode von Assen deswegen so wesentlich seien, weil die Tendenz bestünde, daß das Böse und die Schuld abgleiten würden in ein allgemeines Verständnis des Tragischen. Wenn die Macht des Bösen nicht als persönliche Existenz, die in die Geschichte der Welt und der Menschheit eingebrochen ist, verstanden wird, dann bleibt nur Tragik des Universums. Dann würde auch der Kampf zwischen Gott und Gottfeindlichkeit nicht mehr ernst genommen werden. Wie recht er damit hatte, zeigt folgendes Beispiel: Im »Evangelischen Erwachsenenkatechismus« (1975), der gleichsam die »Durchschnittslehre« der evangelischen Kirche in Deutschland – in allgemeinverständlicher Form und »gefällig« zu lesen – aufgearbeitet hat, heißt es (S. 273): »In ihrer Unausweichlichkeit liegt die Sünde wie ein großes Verhängnis, wie ein Schicksal, über der Menschheit.« – Hier sind Verhängnis und Schicksal an die Stelle von Schuld und der realen Macht des Bösen getreten. Dadurch wird dann letztlich »die Unvollkommenheit der Welt« (entweder resignierend oder mit dem Aufruf zur revolutionären Tat) – zum tragischen Bestandteil des Universums oder gar zu einem »Wesenszug« des unbegreiflichen Gottes gemacht.

Die »Sprache der Funde«

Wenn die Evolutionstheorie stimmen würde, wenn sich also die höher entwickelten Lebewesen aus primitiven Vorformen entwickelt hätten, dann müßte es irgendwelche Zwischen-Formen geben, die die Übergänge zwischen den einzelnen Lebensphasen in der Entwicklung der Lebewesen zeigen könnten. Mit anderen Worten: Wenn der Mensch aus tierischen Vorfahren entstanden ist, dann müßte irgendwie ein Fund gemacht werden, der diesen Übergang zeigt, irgendein Wesen, das zwischen Mensch und Vormensch steht. –

Es sind viele Funde gemacht worden, die einen Ur-Vor-oder Affenmenschen beweisen sollen. Die Frage ist immer nur, ob diese Funde wirklich das sind, was sie zeigen und beweisen sollen.

In den zwanziger Jahren (also zu der Zeit, als die Synode von Assen stattfand) gab es einen berühmten Prozeß im Bundesstaat Texas in den Vereinigten Staaten von Nordamerika. Der Lehrer John Scoper wurde angeklagt, weil er sich zur Evolutionstheorie in der Schule bekannt hatte. Das war damals im Bundesstaat Texas verboten: Die Evolutionstheorie durfte nicht gelehrt werden. Die damalige gebildete Welt schrie auf angesichts der intoleranten und wissenschaftsfeindlichen Einstellung im Bundesstaat Texas. Wie durfte man es einem Lehrer verwehren, die doch anscheinend gesicherten Ergebnisse der Wissenschaft vor seinen Schülern auszubreiten! Man machte es dem Ankläger W. J. Bryan sehr schwer. Ob er denn nicht den »Nebraskamenschen« kenne, der eine Million Jahre alt sei und ganz deutlich zeige, daß der Mensch von primitiven Vorfahren abstamme! Man brachte Funde! Und diese Funde wurden in phantasievoller Ausgestaltung in fast allen Zeitungen Amerikas abgebildet – den »Nebraskamenschen« konnte man leibhaft vor sich sehen. Aber die Funde konnten den Ankläger Bryan nicht überzeugen. Denn man hatte von jenem Wesen nur einen Zahn gefunden.

Dieser Zahn genügte zwar den Zeitungen für phantasievolle Rekonstruktionen, aber er reichte nicht aus, um eine Theorie zu beweisen. Viele Jahre nach dem fast schon vergessenen Prozeß wurde das Skelett des ganzen »Wesens« gefunden. Dieses »Wesen« war kein Ur-, Vor- oder Affenmensch, sondern ein Nabelschwein. Und was man als Beweisstück auf den Richtertisch gelegt hatte, war nichts anderes als der Zahn eines Schweines. Natürlich gibt es in der wissenschaftlichen Forschung immer wieder Ketten von Irrtümern. Es ist einfach unmöglich, Forschung zu betreiben, ohne durch Irrtümer hindurchzugehen. Aber solange eine wissenschaftliche Behauptung nicht durch klare Beweise gedeckt ist, kann man nicht von wissenschaftlichen Ergebnissen, sondern nur von wissenschaftlichen Theorien sprechen – und das ist ein gewaltiger Unterschied!

Einer der wichtigsten Funde auf dem Wege der Ur- und Vormenschen-Forschung war der »aufrecht gehende Affenmensch« von Java, dem man ein Alter von etwa 730000 Jahren zugemessen hatte. Auch hier gab es eindrucksvolle Zeichnungen und Abbildungen, die man noch heute in Lehr- oder Bildungsbüchern finden kann. Aber was wurde wirklich gefunden? Schließlich nur ein Schädeldach, ein Oberschenkelknochen und drei Backenzähne! Das genügte für die Konstruktion des »Pithecanthropus erectus«, also des »aufrecht gehenden Affenmenschen«. Die Funde wurden 1891 von Eugène Dubois auf Java gemacht. Dieser holländische Militärarzt, das muß man wissen, war ein Anhänger der Evolutionstheorie. Dazu schreibt W. A. Criswell in seinem Buch »Stammt der Mensch vom Affen ab?« (Deutsche Ausgabe 1972 – Titel der amerikanischen Originalausgabe: »Did Man Just Happen?«):

»Von Anfang an waren die Wissenschaftler in bezug auf den gemachten Fund sehr verschiedener Meinung. Die einen sagten, die Knochen müßten wohl von einem Menschen stammen, andere wiederum hielten sie für Menschenaffenknochen. Andere meinten, sie stammten von einem Pavian, wieder andere hielten sie für Gibbonknochen.

Eine Autorität auf diesem Gebiet schreibt: Kurz nach der Entdekkung trafen sich vierundzwanzig der hervorragendsten europäischen Wissenschaftler. Zehn von ihnen meinten, die Knochen stammten von einem Affen, sieben hielten sie für Menschenknochen, sieben meinten, es handle sich wohl um eine Zwischenform.

Der berühmte Berliner Professor Virchow sagte: Es gibt keinerlei Beweis dafür, daß die Knochen von dem gleichen Geschöpf stammen. Selbst der Historiker H. G. Wells, ein überzeugter Befürworter der Evolutionstheorie, gab zu, daß es sich bei den Funden um

Knochen eines Affen oder noch wahrscheinlicher um die Knochenüberreste zweier Affen handele. Und schließlich änderte auch Dr. Dubois wieder seine zu Anfang vertretene Meinung: er, der so sehr dafür eingetreten war, bei seinem Fund handele es sich um Knochen der »Missing links« (der fehlenden Zwischenglieder zwischen Affe und Mensch), hielt später den Pithecanthropus doch mehr für eine große ausgestorbene Gibbonart.«

Dieses Beispiel soll zeigen, wie breit die Deutungsmöglichkeit bei den Funden ist, die anscheinend so sicher die Entwicklung des Menschen aus dem Tierreich beweisen.

Und wie steht es mit dem »Menschen von Peking«, der bereits das Feuer gekannt und dem Kannibalismus gefrönt haben soll?

Hier heißt es bei Criswell:

»Die zwischen 1922 und 1934 gemachten Funde von Zähnen, Kinnbacken und Schädeln entstammen samt und sonders einer frühgeschichtlichen Kalkbrennerei bei Choukoutien, fünfzig Kilometer von Peking entfernt, welche vermutlich für die alte Stadt Cambuluc an der Stelle des heutigen Peking betrieben wurde.

Von den insgesamt dreißig Schädeln und Schädelfragmenten, einem Kieferknochen und hundertsiebenundfünfzig Zähnen existieren rätselhafterweise nur noch einige Gipsabdrücke und Rekonstruktionen im Museum in Peking, dagegen nicht einmal Fotos der Originale. Es wird angenommen, daß ein Dr. Pei, der die Ausgrabungsarbeit während der japanischen Besatzung allein weitertrieb, gute Gründe hatte, diese Fossilien verschwinden zu lassen. Denn die angeblich nach ihnen hergestellten Modelle zeigten wenig Übereinstimmung mit den nüchternen Beschreibungen der Schädel durch Marcellin Boule, Teilhard de Chardin und Abbé Breuil, welche die Funde unabhängig voneinander in Augenschein genommen hatten. Außerdem ist die Tatsache, daß bei Choukoutien eine umfangreiche frühgeschichtliche Industrie betrieben wurde, der breiten Öffentlichkeit bewußt verschwiegen worden.

Was ist nun die korrekte Bedeutung der Fossilien?

Ein gewaltiger Bergrutsch des hängenden Kalkgesteins, das sich beim Abbau gelockert hatte, begrub unter sich die aus Quarzsteinen weit entfernter Herkunft errichteten Kalköfen, die mit Stroh und

Schilf beheizt wurden, wovon die meterdicken Lagen von Asche zeugen. Daß der Pekingmensch den Gebrauch des Feuers kannte, findet damit seine höchst prosaische Erklärung. Die herabstürzenden Gesteinsmassen ließen Hohlräume unter sich frei. Es sind tatsächlich Knochen in solchen Hohlräumen gefunden worden. Daraus entstand die Version, der »Pekingmensch« habe in Höhlen gelebt. In Wirklichkeit hat es dort natürliche Höhlen nie gegeben.

Es ist auch weitgehend unbekannt geblieben, daß in dem Kalksteinbruch von Choukoutien außer Tierknochen auch die Reste echter Menschen gefunden worden sind; vermutlich wurden sie bei dem Bergrutsch erschlagen. Übrigens waren die Schädel dieser Individuen nicht mit einem Werkzeug zertrümmert worden, ihre Besitzer waren also keine Menschenfresser.«

Noch heute ist eine hohe Belohnung ausgesetzt für die Knochen oder zumindest für die Fotografien von jenen Knochen, die dem »Pekingmenschen« gehört haben sollen und dessen fragwürdige Rekonstruktion jetzt im Museum von Peking zu sehen ist.

Man könnte noch auf viele andere Funde eingehen. Man könnte über den Neandertaler sprechen, über die Entdeckungen, die unlängst in Afrika gemacht wurden usw. Immer wieder wird sich als Endergebnis herausstellen: Die Funde reichen nicht aus, um das »Zwischenwesen«, also das Wesen zwischen Tier und Mensch greifbar und vorstellbar zu machen. Immer kommt es darauf an, wie diese Funde gedeutet werden. So wird zum Beispiel zum berühmten Unterkiefer des »Heidelberg-Menschen«, dessen Alter man auf etwa 750000 Jahre schätzt (hier wird oft sehr großzügig gerechnet), von einem bekannten Wissenschaftler bemerkt, daß ein Eskimoschädel die gleichen Besonderheiten und das gleiche Aussehen hätte wie eben jener Unterkiefer des Heidelberg-Menschen. Ein anderer erzählt, er habe im Südpazifik eine ganze Rasse von Südseeinsulanern gefunden, die alle die gleichen massiven Kieferknochen besäßen wie der Mensch von Heidelberg. –

Wer sich in die weitere Literatur einarbeiten möchte, dem sei als Einstieg empfohlen: H. M. Morris »Evolution im Zwielicht« (1966) – Wilder-Smith »Herkunft und Zukunft des Menschen« (1972) und »Die Erschaffung des Lebens« (1972). In diesen Büchern wird man dann leicht den Weg zu weiterer Literatur finden.

Die ersten Menschen: »edle Wilde« oder »Kannibalen«?

Die biblische Lehre vom Sündenfall steht wie kaum eine andere Aussage des Christentums im Sperrfeuer der Kritik. Daß der Mensch in der Feindschaft gegen Gott lebt, will man nicht wahrhaben. Diese Lehre ist wider den Stolz des mündig gewordenen Menschen. Vielleicht waren die ersten Menschen liebe und gutmütige Wilde, die eigentlich erst durch die Religionen – vor allem durch das Christentum und dann durch die Zivilisation – korrumpiert wurden?

Der amerikanische Journalist John Nance meint, dem ursprünglich guten Wesen des Menschen auf die Spur gekommen zu sein. In seinem Buch »The Gentle Tasaday« (1975) schildert er die Begegnung mit idyllischen Steinzeitmenschen, die er auf einer philippinischen Insel in aller Weltverlorenheit entdeckt hat. So wie diese Menschen – meint er – müßten auch die ersten Menschen gewesen sein.

Dieser bislang unerforschte Urwaldstamm war noch nie der Zivilisation begegnet. Als die Weißen mit John Nance auftauchten, sollen sie gesagt haben: »Wir werden alle sterben«: der Urschreck in der Begegnung mit der Zivilisation. John Nance meint, daß diese Menschen keine Aggressionen kennen, keine Herrschaftsansprüche und daß ihnen Begriffe für Kampf, Krieg oder töten völlig fremd seien. Die Kinder würden nicht mit Gewalt, sondern – wie in modernen Kinderläden – mit Argumenten erzogen, und Angst kennten sie alle nicht. (Warum sie dann wohl gerufen haben: »Wir werden alle sterben« als sie John Nance mit seinem Team begegneten?) Mit der Natur lebten diese Menschen – so wird behauptet – in voller Harmonie; Krankheiten gäbe es kaum, und Tiere liefen nicht weg, wenn die »Sanften von Tasaday« kämen. Hier hat also der Sündenfall – nach John Nance – nicht stattgefunden. Wir fragen: Werden hier Beobachtungen, die in verhältnismäßig kurzer Zeit gemacht wurden, nüchtern wiedergegeben, oder werden Wünsche nach einer heilen Welt in die Völkerkunde projiziert? Handelt es sich um Dokumente oder um Trauer um das verlorene Paradies?

Denn es gibt auch wieder ganz andere Darstellungen des ursprünglichen Menschen. So hat Oscar Kiss-Neerth in seinem Buch »Der Anfang war das Ende« (1974) ein ganz anderes Bild vom Frühmenschen entworfen. Nach seiner Meinung entstand menschlicher Fortschritt, überhaupt das Menschsein, durch Kannibalismus. Nach Oscar Kiss-Neerth, der nicht durch Beruf, sondern durch Hobby zum Anthropologen wurde, konnte der Mensch nur Mensch werden, weil er die Gehirnmasse der von ihm umgebrachten Menschenbrüder verzehrte. »Wenn man Gehirn ißt, wird sexuelle Lust angeregt und die Intelligenz gesteigert«. Er meint, diese Thesen durch Experimente belegen zu können; wenn man Tiere mit den Gehirnen ihrer Artgenossen füttere, werde deren Lernfähigkeit gesteigert. Noch mehr dürfe man allerdings das Gehirn nicht erweitern – meint O. K. Neerth – denn dann würde der überdimensionalisierte Verstand den Kosmos durcheinander bringen.

Es gibt also viele Theorien über den Urzustand des Menschen. Hinter vielen Theorien sind Erfahrungen (oft vorschnelle, und wenig ertragreiche Forschungsergebnisse) mit Sehnsucht und Absicht vermischt. Alle Theorien haben gemeinsam, daß sie den Gott des Alten Testaments ausschließen. Was der Mensch ist und wie der Mensch zum Menschen geworden ist, das sollen diese Theorien ins Bild bringen, das soll greifbar gemacht werden. Nur darüber ist man sich klar: So wie es die Bibel sagt, kann es nicht gewesen sein. Auf Gottes Wort soll nicht gehört werden.

Kains Todestrieb ist unter uns

Der allen bekannte Klassiker der Tiefenpsychologie Sigmund Freud hat in seinen späteren Jahren auf die Bedeutung des Todestriebes hingewiesen. Diese Lehre wurde damals sehr umstritten. Aber Freud hatte recht. In jedem Menschen liegt ein Zerstörungstrieb, der sich nicht nur gegen andere, sondern auch gegen sich selbst richten kann. Die heimliche Lust am Untergang, begleitet vom Willen zur Zerstörung, liegt keimhaft in jedem Menschen. Albert Schweitzer sagte einmal, daß jeder Mensch mindestens einmal in seinem Leben vor dem Selbstmord steht.

Am Schicksal des Kain erkennen wir, daß der Todes- oder Zerstörungstrieb aus einer tiefen Enttäuschung gegenüber Gott entsteht. Jeder wird mich umbringen, meint Kain. Schon darin zeigt sich der unterschwellige Gedanke an seinen Untergang. Aber er wird nicht umgebracht, weil Gott will, daß er lebt.

Wer aus eigenen Kräften ein Paradies aufbauen will, wird zwangsläufig in die tiefste Enttäuschung geraten, und sein Wille zur Weltverbesserung und seine sogenannte Liebe zur Menschheit werden umschlagen in die Lust an der Zerstörung. Nur ein Beispiel von vielen: Während des spanischen Bürgerkrieges von 1936–1939 fiel auf, daß auf beiden Seiten, sowohl bei den Falangisten als auch bei den Anarchisten, die Bereitschaft, ja sogar die Sehnsucht zum Tode eine geradezu gespenstische Rolle spielte. »Es lebe der Tod!« war der Schlachtruf der Faschisten, während die asturischen Bergarbeiter mit dem Schlachtwort »Es lebe das Dynamit« Terror verbreiteten und in einem ihrer Lieder sangen: »Der Tod wird mich treffen . . . es ist besser, zu sterben!«

Der Todestrieb kann über jeden kommen. Oft wirkt er mit Gewalt gerade da, wo viel Verantwortung und politische Macht angehäuft sind. So sagte Winston Churchill – noch auf dem Höhepunkt seines Lebens – zu seinem Leibarzt Lord Moran, daß der Tod das beste sei, was es für den Menschen gäbe (Lord Moran »Churchill«, 1967). Churchill glaubte damals nicht an ein ewiges Leben, sondern nur an eine »andere Welt . . . nur aus schwarzem Samt – ewigem Schlaf«.

Todessehnsucht spielen zweifellos in Anarchismus und Terrorismus eine entscheidende Rolle. Welche Konsequenzen daraus für unsere Zivilisation noch einmal erwachsen können, ist noch gar nicht abzusehen. Die kainitische Unruhe, Haß gegen Gott und Welt, stehen als große Bedrohung über unserer Zukunft.

Falsche Erlöser damals und heute

Dostojewski gibt in seinen »Dämonen« ein geradezu erschreckendes, aber auch wirklichkeitsnahes Bild von dem »Erlösertyp«, wie er im 19. und 20. Jahrhundert aktuell war, ist und sein wird. Er läßt in seinem Roman den gottverlassenen Kirillow, also jenen Mann, der, wie wir im ersten Kapitel gesehen haben, Gott und die Schöpfung anklagte, als den Typ des modernen Erlösers, den Kainiten von heute, auftreten. Kirillow sagt:

»Wenn es keinen Gott gibt, so bin ich ein Gott. Existiert Gott, so ist aller Wille sein und ich bin seinem Willen unterworfen. Existiert Gott nicht, so ist aller Wille mein und ich bin verpflichtet, eigenen Willen zu bekunden . . . Alle sind unglücklich, weil alle sich fürchten, Eigenwillen zu zeigen. Eben darum ist der Mensch bisher so unglücklich und arm gewesen, weil er sich gefürchtet hat, in dem wichtigsten Punkt Eigenwillen zu zeigen und nur so in Nebendingen Eigenwillen gezeigt hat wie ein Schulknabe. Ich bin schrecklich unglücklich, weil ich mich schrecklich fürchte. Die Furcht ist der Fluch des Menschen . . . aber ich werde Eigenwillen zeigen; ich bin verpflichtet zu glauben, daß ich nicht glaube . . . Nur dieses eine wird alle Menschen retten und sie gleich in der folgenden Generation physisch umgestalten; denn in der jetzigen physischen Gestalt kann, soweit ich das einsehe, der Mensch ohne den früheren Gott nicht existieren. Drei Jahre lang habe ich nach dem Attribut meiner Göttlichkeit gesucht und es endlich gefunden: Das Attribut meiner Göttlichkeit ist der Eigenwille!« Man lese einmal die wesentlichen Aussagen eines Hitler oder Mussolini, und man wird – wenn man sich zunächst auf diese beiden Gestalten beschränkt – erkennen, wie sehr sie in der Entdeckung ihres Eigenwillens meinten, ihr Leben gefunden zu haben.

Im Eigenwillen, in der Auslöschung der Ehrfurcht vor Gott und in der Zerstörung des Glaubens sieht dieser Kirillow die einzige Möglichkeit, um sich selbst und die Menschheit zu erlösen. Dabei ist wieder zu beachten, daß er auch an dieser Stelle von der physischen Umgestaltung des Menschen spricht. Der Mensch ist eben nach seiner Meinung so, wie er jetzt existiert, nicht Repräsentation Gottes, sondern eine Mißgestalt der Natur. Und weil diese Natur mißgestaltet ist, ist auch der Gott mißgestaltet. Nun kommen also zwei Gedanken zusammen: Einmal soll durch den Eigenwillen das Geschick des Lebens und der Welt selbst in die Hand genommen werden, und zum anderen wird die Forderung erhoben, den Menschen physisch zu ändern! Das ist das Muster des gottfeindlichen Erlösungsprogramms, in dem schon Kain lebte. Und daß dieser Erlösungsgedanke zerbrechen wird und dann umschlägt in den Trieb zur Vernichtung und Zerstörung, ist offenkundig. Denn dieser Kirillow sagt selbst, daß er sich umbringen will, um im Tod seine Freiheit zu beweisen: »Ich werde mich töten, um meine Unbotmäßigkeit und meine neue fruchtbare Freiheit zu zeigen.«

Das ist der Stil, der vielleicht die Wehen der Endzeit einleitet, in die unsere Zukunft münden wird.

Was hat Satan mit der Schlange zu tun?

Schlange – beziehungsweise Drache (das hebräische Wort für beides ist zumeist dasselbe) – ist in vielen Religionen Ausdruck des Bösen, der Macht der Zerstörung und Vernichtung der Schöpfung und des Menschen. In der germanischen Religion ist die Midgardschlange jenes Wesen, das die Welt im Urozean umklammert, um sie zu vernichten. Hier ist also die Ahnung lebendig geblieben, daß die Welt am Rande des Chaos steht. In der babylonischen Mythologie kämpft Marduk gegen das Drachenungeheuer Tiamat, das er besiegt und aus dessen Leib er die Welt bildet. Im Alten Testament sind außerdem Rahab oder Leviathan Namen für die Macht des Bösen (Ps. 89, 11; Hiob 26, 11; 40, 20).

Neben der Wirklichkeit der Macht des Bösen steht im Paradiesbericht der verheißene »Same«, der dem Bösen den Kopf zertreten soll, während die Schlange eben diesen Samen in die Ferse stechen wird. Was Luther mit Samen übersetzt, bedeutet, wenn man dieses Wort in der Sprachgeschichte zurückverfolgt, eben jene Heilsgestalt, die den Bösen überwinden wird. In der babylonischen Sprachweise ist »Same« der Held der Sintflut und Retter der Menschheit. Hier zeigt sich, daß in anderen Religionen die Erinnerung an die Urverheißung lebendig bewahrt wurde, auch wenn sie durch den Vielgötterglauben oder Aberglauben entstellt und verzerrt wurde. Der Fersenstich meint das Leiden des Heilsbringers »im Sinne der israelitischen Erwartung des Leidens des Heilsbringers als Motiv, das neben dem des Sieges immer einhergelaufen ist.« (Vgl. hierzu das ausgezeichnete Buch mit vielem religionsgeschichtlichen Material von A. Jeremias »Das Alte Testament im Lichte des Orients«, 1930.)

Sintflut – Lokalereignis oder Weltkatastrophe?

Es besteht wohl allgemein Einmütigkeit darüber, daß einmal eine Flutkatastrophe im Bereich von Euphrat und Tigris stattgefunden hat. An solch einer Flutkatastrophe ist nun auch in der Tat nicht zu zweifeln. Bei den Ausgrabungen 1929 am Tell-al-Moquayyar stieß der Archäologe Woolley zu seinem großen Erstaunen gerade dort auf eine Lehmschicht, wo man sie überhaupt nicht vermutete. Bei den Ausgrabungen kam erst Sand, dann kam unvermutet jene Schicht Lehm und dann wieder Sand. Sowohl über als auch unter der Lehmschicht fand man Spuren menschlicher Zivilisation, die jeweils sehr deutlich verschiedenen Zeiträumen zuzuordnen waren. In der Lehmschicht selbst waren Spuren von kleinen Seetieren. Ganz offensichtlich hat hier eine Überschwemmungskatastrophe stattgefunden, vielleicht in der Zeit noch vor 4000 v. Chr. Geburt. Mit anderen Worten: Eine Kultur wurde von einer Flutkatastrophe heimgesucht. Spuren der Ablagerungen sind unverkennbar. Nach dieser Flutkatastrophe wurde dann auf den Ablagerungen der Überschwemmung wieder eine neue Zivilisation aufgebaut.

Die Frage ist nun, ob diese Flutkatastrophe nur ein lokales Ereignis war, das dann in der Bibel legendär zu einer Weltkatastrophe ausgeweitet wurde, oder ob wirklich einmal eine universale Flut die ganze Welt bedeckt hat. Die Bibel – darüber kann wiederum kein Zweifel bestehen – geht davon aus, daß die Sintflut als ein Gericht Gottes die ganze Erde betroffen und so also auch die ganze Erde bedeckt hat. Bedeutsam ist auch, daß sich in vielen Religionen zumindest Spuren der Erinnerung an eine globale Sintflut finden lassen.

Bezüglich dieser Frage ist unter allen mir bekannten Büchern dasjenige von John C. Whitcomb und Henry M. Morris »The Genesis Flood« (1961) das bedeutendste. Hier wird gewaltiges Material aufgearbeitet, um nachzuweisen, daß die Sintflut kein lokales Ereignis, sondern eine universale Katastrophe gewesen ist. Nach diesen Autoren haben die Sintflut etwa 2450 und der Turmbau zu Babel etwa 2358 v. Chr. stattgefunden. Diese Zeitrechnung scheint in vieler Hinsicht anfechtbar zu sein. Andererseits muß man aber auch folgende Begründungen sehen: Die Sintflut hat nach der Auffassung dieser Autoren gewaltige Erdumwälzungen zur Folge gehabt. Diese durch die Sintflutkatastrophe hervorgerufenen enormen Verschiebungen der Erdschichten könnten – nach der Meinung dieser amerikanischen Theologen und Naturwissenschaftler – allein erklären, warum sich Spuren von Lebewesen gerade in den Erdschichten finden, wo sie weder nach der Evolutionstheorie noch nach dem biblischen Sechs-Tage-Schöpfungsbericht gefunden werden könnten.

Auf den 518 Seiten dieser dramatischen Lektüre spielt immer wieder ein »Biblical Geological Catastrophism« die entscheidende Rolle. In diesem Rahmen werden dann mit manchmal verblüffender Argumentation herkömmliche, aber unbewiesene Daten der Geologie und Paläontologie außer Kraft gesetzt. Das geschieht in einer Art und Weise der Beweisführung, die den bisherigen realen Fakten der Forschung *nicht ausweicht.* Es wird auch kein Zweifel darüber gelassen, daß die Sintflutkatastrophe im evolutionistischen System gegenwärtiger Wissenschaftserkenntnis nicht beweisbar ist. Aber auch die *Schöpfung* ist im System gegenwärtiger Wissenschaftserkenntnis nicht denkbar. Die Entstehung der Erde sowohl als Schöpfung *wie aus Zufall* ist in diesem neo-darwinistischen System gleichermaßen unbeweisbar, beides wird jeweils *geglaubt.* Dieses heute allgemein noch gültige System ist eben ein vom Menschen aufgestelltes, das Gott völlig außer acht läßt und darum auf eine Dimension der Wirklichkeit verzichtet.

Wer dagegen an die Erschaffung der Erde aus dem Nichts glaubt, sollte und kann keinen Grund sehen, an der Tatsache einer weltumfassenden Sintflut zu zweifeln. J. Whitcomb spricht denn auch in seinem Buch »The World that Perished« (1974) von der »übernatürlichen Kraft« und der »übernatürlichen Intention für die Sintflut«, die als selbstverständliche Voraussetzung dieses Geschehnisses gelten – wie bei jedem Wunder, das in der Bibel beschrieben wird. (Die »Genesis-Flood« – »Sintflut« – ist neuerdings in deutscher Sprache auf dem Markt.)

Gab es eine Arche Noah?

In der Presse tauchen immer wieder Berichte auf, daß Forscher mit beträchtlichem Aufwand Expeditionen ausrüsten, um am Berge Ararat, auf der türkischen Seite des Kaukasus, nach den Resten der

Arche Noah zu forschen. Denn hier soll nach biblischer Überlieferung die Arche gelandet sein. Eine der letzten Expeditionen wurde von Tom Crotser aus Dallas in Texas geleitet. Er meinte – wie übrigens viele andere Beobachter vor ihm auch – den Plankengang eines Oberdecks und ganz deutlich einen hölzernen Schiffsbug wahrgenommen zu haben. Die primitiven Inschriften auf umherliegenden Steinen wurden von Sprachforschern dahin übersetzt, daß Noah mit seiner Familie nach dem Rückgang der Flut dort gelebt habe. Die Schriften wurden als babylonische Keilschriftzeichen identifiziert. Auch die Reste eines Dorfes wurden gefunden. Wie weit nun diese Tatsachen eingeordnet werden können in ein umfassendes Bild von der Arche und ihrer Landung in bezug zum Genesis-Bericht, ist eine zweite Sache, die hier nicht weiter verhandelt werden kann. Die Forschung steht hier noch vor echten Pionieraufgaben.

Über die Größe der Arche werden verschiedene Angaben gemacht. Der amerikanische Alttestamentler Unger (»Bibel aktuell«, Bd. I) kommt zu dem Ergebnis, daß die Arche etwa 136 Meter lang, 22,50 Meter breit und 13,50 Meter hoch gewesen sei. Ihre Wasserverdrängung sei 43.300 BRT gewesen. Das entspricht einem stattlichen Ozeandampfer etwa von der Größe der »United States«. Die babylonischen Maße (in der babylonischen Religion gibt es ebenfalls eine Überlieferung von der Sintflut) sind gewaltiger. Danach hätte die Arche ein Volumen von 228 500 BRT gehabt – das kommt auf einen unserer großen, modernen Supertanker heraus.

Vieles, wenn nicht alles im Zusammenhang mit der Arche Noah, insbesondere natürlich die Frage nach dem Überleben der Landtiere und Vögel in der Arche, sprengt den Rahmen unserer Vorstellungskraft. (Stereotype Frage: Wie sollte ein Känguruh von Australien über den Ozean in Noahs Arche gekommen sein?) Man wird sich darüber klarwerden müssen, wenn man die in der Bibel beschriebenen Geschehnisse verdeutlichen will, daß die Situation des Planeten damals eine andere als heute war; daß Kontinente, die heute getrennt sind, damals zusammengehörten. Auch bei der Frage, wie denn alle Tiere in der Arche Platz gefunden haben sollten, muß man bedenken, daß ja jeweils nur von einer »Art« Tiere in die Arche genommen wurden. Und »Art« bedeutet nicht jede auf dieser Erde vorkommende Tierform überhaupt. Art ist ein weiterer, umfassenderer Begriff (wobei zu bedenken ist, daß innerhalb einer Art

Entwicklungsmöglichkeiten als Herausbildung von Variationen durchaus möglich und auch wirklich sind, ohne daß damit das System der Evolutionstheorie übernommen wird). Die heutige Vielfalt des Tierreiches würde damit also nicht der damaligen Vielfalt entsprechen, die durch die Arche Noah gerettet wurde. – Wer wissenschaftskritisch zu denken gelernt hat, der weiß, wie viele Theorien zur Erklärung der verschiedenen Schichten der Erde bereits angewandt und wieder verworfen wurden. Und es könnte durchaus möglich sein, daß – unter der Voraussetzung, daß die Menschheit noch einige Generationen Gelegenheit hat, weiter zu denken und zu forschen – die gegenwärtigen Wissenschaftstheorien als Mythen beurteilt werden. Jedenfalls besteht von den bekannten Fakten her kein Grund, die Rettungstat in der Arche Noah und eine universale Sintflut von der Redlichkeit des Denkens her auszuschließen. – Die Literatur – besonders in der englischsprechenden Welt – zu diesem Thema Sintflut ist unübersehbar. Es ist doch beachtenswert, daß man sich hier ernstlich mit diesem Phänomen auseinandersetzt, während in der europäischen, insbesondere in der deutschen Theologie meist von vornherein die Sintflut als Märchen oder Sage oder gar Mythos abgetan wird. Zu den Büchern, die zum Einstieg in diese Materie empfohlen werden, gehören: A. Custance »The Extent of the Flood« (1958); Frederic Filby »The Flood Reconsidered« (1971); J. W. Montgomery »The Quest for Noah's Ark« (1972); H. M. Morris »The Ark of Noah« in »Creation Research Society Quartely« 1971; D. Patten »The Biblical Flood and the Ice Epoch« (1966).

Was ist ein babylonischer Turm?

Man wird sich den babylonischen Turm, von dem die Bibel berichtet, vielleicht ähnlich denken müssen wie jene Cigorat, die durch Ausgrabungen im Bereich des alten Babylon wieder vorstellbar geworden sind. Ob irgendeiner dieser »babylonischen Türme« identisch ist mit dem Turm, von dem die Bibel berichtet, ist natürlich völlig unsicher.

Diese Türme hatten gewöhnlich drei bis sieben Stockwerke und waren verschiedenfarbig. Im obersten Stockwerk war meistens ein

Schrein mit dem Bild der Stadtgottheit untergebracht und ein Ruhelager für die Gottheit, auf dem meistens ein Mädchen lag, um dem Abgott zum geschlechtlichen Verkehr zur Verfügung zu stehen. So etwa berichtet auch der berühmte griechische Geschichtsschreiber Herodot, wohl einer der ersten Touristen der Welt, der im 5. Jahrhundert v. Chr. die babylonischen Gebiete durchstreifte und die Grundlagen der griechischen Geschichtsforschung legte.

Einer der berühmtesten Türme ist der Et-temen-an-kika. Das heißt: »Bauwerk der Gründung von Himmel und Erde.« Dieser Turm gehört zum Marduktempel innerhalb des berühmten Ruinenhügels von Tell-Amoran, der etwa hundert Meter hoch war und mehrfach restauriert wurde.

Durch den babylonischen Turm wurde Gott also greifbar gemacht. Wirklich wurde – auch im übertragenen Sinne – der Himmel gestürmt und durch das Götzenbild ins Diesseits gezwungen. Es geschah also genau das, was das zweite Gebot so klar und entschieden bekämpft: die Verbildlichung Gottes. Der babylonische Turm ist wie jede Verbildlichung Gottes die Wiederholung des Sündenfalls: Sein wie Gott. Der hier »angebetete« Gott ist der gefangene Gott, *nach dem Bilde des Menschen entworfen.* Also betet in ihm der Mensch sich selbst an. Vielleicht ist das der tiefere Sinn der Worte, wenn die Bibel sagt, daß der Turm zu Babel gebaut wurde, »um sich einen Namen zu machen«.

Der Turmbau zu Babel war ein Ereignis, in dem wir uns selbst wiederfinden. Das Streben nach Sicherheit im Kollektiv, das Verlangen, sich selbst einen Namen zu machen, der Versuch, sich aus eigener Kraft abzusichern, Gott in seiner Dimension auszuschalten, ihn endlich zu machen. Babylonische Türme unserer Zeit sind vielleicht in ähnlicher Weise auch die vielen, unheimlich aus der Erde aufragenden Kolosse von Atomkraftwerken, in denen der »Abgott der Gegenwart«, die Energie, gegenwärtig ist. Diese »Energietürme« sind heute die »Kultstätten« eines technokratischen Zeitalters. Es sind gefährliche Kultstätten. »Doch wie unwahrscheinlich oder wahrscheinlich auch immer – eine Katastrophe hätte apokalyptische Ausmaße: mit rund hunderttausend Soforttoten und bis zu 1,67 Millionen langfristig Sterbenden wäre zu rechnen, wenn es im geplanten BASF-Reaktor bei Ludwigshafen zu einem Gau und zu gleichzeitigem Versagen der Sicherheitseinrichtungen käme.« (So eine Studie von Dr. Ing. Karl-Heinz Lindacker vom TÜV Rheinland (»Spiegel« 1975, 30).

Bedeutungsvoll ist für unser Thema, daß diese Türme voll gespeicherter Energie eben die Türme sind, von denen der Mensch im technischen Zeitalter das Heil erwartet, von denen er aber auch zugleich die Bedrohung seines Daseins erfahren kann. Was zur Absicherung seines Lebens geschaffen wurde, kann zur Zerstörung seiner Existenz führen: »Wenige Gramm Plutonium, von Terroristen entwendet mit der Drohung, sie in irgendeine Talsperre zu werfen – so etwas könnte den Rechtsstaat an den Rand der Selbstaufgabe bringen; und aus einigen Kilo Plutonium könnte eine Gruppe technisch Versierter jederzeit eine Bombe basteln . . .« Das sind Aussichten in einer Zeit, für die der Turmbau zu Babel so aktuell ist wie vor etlichen Jahrtausenden.

Es liegt also nicht im Bereich der Unwahrscheinlichkeit, daß auf die Katastrophe durch Wasser, also auf die Katastrophe der Sintflut, die Katastrophe durch Feuer, die Zerstörung der Erde in einer Weise erfolgt, die heute schon im Raum des Vorstellbaren liegt – auch wenn alles sicherlich anders kommen wird, als wir es uns heute vorstellen und ausdenken können.

»Wort Gottes« in Ur

In Ur gab es eine hochentwickelte Zivilisation. Diese hochentwikkelte Zivilisation war der Abgötterei verfallen. Aber trotz der Abgötterei blieb in diesem Lande die Ahnung lebendig, daß Gott sich durch das Wort den Menschen offenbart. In Ur waltete noch die Urerinnerung daran, daß Gott zu Adam, zu Eva, zu Kain und Abel gesprochen hatte.

Der jüdische Religionsforscher F. W. F. Albright hat in seinem Buch »Von der Steinzeit zum Christentum« (mehrere Auflagen seit 1949) darauf verwiesen, daß der Ausdruck »Inem« als »Stimme der Gottheit« bedeutet, daß es »Wort Gottes« auch als das schöpferische Wort Gottes gibt. Es war also das Urwissen um die Bedeutung des Wortes als »Wort Gottes« bewahrt. Wenn es später im Johannesevangelium heißt: »Im Anfang war das Wort«, dann mögen sich vielleicht moderne Interpreten darüber den Kopf zerbrechen, wieso gerade am Anfang das Wort war. Daß Gott sich ausspricht und durch sein Aussprechen Welt und Kosmos schuf, das ist die Urahnung, die in jenen Völkern lebendig blieb, aus denen Abraham herausgerufen wurde. Es ist nicht so, daß es das Wort Gottes gibt, weil wir Menschen das Wort sprechen. Sondern umgekehrt: Weil es das Wort Gottes gibt, deswegen gibt es auch das Wort des Menschen.

Abraham war also auch von seiner Kultur her nicht »unvorbereitet« auf den Ruf Gottes (wenn auch allein seine persönliche Verbindung mit Gott ausschlaggebend war).

Darin, daß Gott sich im Wort offenbart, liegt eine unmittelbare Konsequenz für unseren Glauben. Nicht in der Ekstase, im Gefühl, in der Meditation, in der Natur, im Denken »stoßen wir auf Gott«! Gott offenbart sich allein und ausschließlich dadurch, daß er spricht. Nur wo das Wort des Herrn gehört wurde, war von jeher Offenbarung Gottes, und umgekehrt, wo Offenbarung war und ist, da ist das Wort!

Wir können Gott auch heute nur finden im Wort – wie es in der Bibel und durch deren Zeugen zu uns spricht. Jedes dieser Worte geht uns an und kann in uns neues Leben schaffen.

Ein Beispiel irrender Bibelkritik

Allgemein wird gesagt, daß es bezüglich der Intention der Bibel nichts ausmache, wenn man viele Vorstellungsgehalte des Alten oder Neuen Testamentes als zeitbedingt abtue. Es käme ja nicht darauf an, ob man dieses oder jenes Wunder hinnähme oder ob man das Welt- oder Zeitverständnis der Bibel akzeptiere, sondern entscheidend wäre doch immer der »innere Sinn«, der über alle Zeit hinweg, also auch für uns, seine bleibende Bedeutung behalte.

Aus diesem Grunde hätte die historische Kritik, die den zeitlosen Sinn aus den zeitlichen Vorstellungen herauslöse, eine geradezu befreiende und zum Eigentlichen hinführende Aufgabe.

Am Beispiel der Jakobsgeschichte z. B. aber kann man erkennen, wie der Sinn dieser zweifellos schwer verständlichen Aussage pervertiert wird durch diese Art von Kritik. In dem von dem berühmten Alttestamentler Hermann Gunkel herausgegebenen Werk »Die Schriften des Alten Testamentes« (Vgl. Bd. I, 1911) heißt es: »Weshalb hat aber Gott den ihm Unbekannten überfallen? Hier sind wir offenbar in urältester Religion, da trägt die Gottheit manche grausige Züge, sie lauert wie ein Raubtier am Wege (Hos. 13, 7) und fällt die Vorüberziehenden an. Das sind Vorstellungen, aus der Vorzeit stammend, die von der späteren, sittlichen Religion überwunden worden sind.«

Das philosophische Entwicklungsdenken wird also in die Bibel hineinverlegt, und man will frühere »primitive religiöse Schichten« von »höher entwickelten Schichten« unterscheiden. Wenn man in dieser Weise von einer »überholten Gottesvorstellung« spricht, geht man völlig an dem tiefen Sinn des hier bezeugten Gotteskampfes vorbei. Wenn es zum Beispiel heißt: »Beim Gebetskampf verrenkt man sich nicht die Hüfte«, dann wird der »zeitlose« Sinn dieser Geschichte verkannt: Jakob siegt im Gebet. Aber Gott macht deutlich, daß seine Kraft nur in den Schwachen mächtig ist. Jakob hat gesiegt, weil er Gott in sich siegen ließ.

Wenn das »Wort« die Offenbarung Gottes ist, dann kann es nicht in unser System der Kritik eingezwängt werden. So wie wir uns (zweites Gebot) von Gott kein Bild machen können und dürfen, können und dürfen wir auch sein Wort nicht in unser jeweiliges Bild von Gott, Welt und Menschen hineinzwingen. Nicht wir wählen uns einen Gott nach unseren »Bedürfnissen«, sondern Gott hat uns erwählt.

Was heißt Erwählung?

In der Bibel ist immer wieder davon die Rede, daß Gott seine Gemeinde erwählt. Insbesondere im achten und dann im neunten, zehnten und elften Kapitel des Römerbriefes steht die Erwählung im Mittelpunkt der Aussagen. So, wie Gott die Welt nach seiner Wahl geschaffen hat, so wird der Mensch zu seinem Heil von Gott erwählt. Der Apostel Paulus schreibt (Röm. 9, 14ff.): »Was wollen wir denn hierzu sagen? Ist denn Gott ungerecht? Das sei ferne! Denn er spricht zu Mose: Welchem ich gnädig bin, dem bin ich gnädig; und wes ich mich erbarme, des erbarme ich mich. So liegt es nun nicht an jemandes Wollen oder Laufen, sondern an Gottes Erbarmen . . . So erbarmt er sich nun, wessen er will, und verstockt, welchen er will . . . Spricht auch ein Werk zu seinem Meister: Warum machst du mich so? Hat nicht ein Töpfer Macht, aus einem Klumpen zu machen ein Gefäß zu Ehren und das andere zu Unehren?«

Im Johannesevangelium (Joh. 13, 18) sagt Jesus, daß er die kenne, die ihm der Vater gegeben habe; und Johannes 15, 16 heißt es: »Nicht ihr habt mich, sondern ich habe euch erwählt.« In Johannes 15, 19 wird klar zum Ausdruck gebracht, daß Jesus die Seinen aus der Welt heraus erwählt hat. Diese Stellen stehen stellvertretend für viele andere, aus denen eindeutig hervorgeht, daß das Heil nicht Verdienst oder Leistung des Menschen, sondern allein Gnade Gottes ist, und daß es dem Menschen zuteil wird, der wissentlich dieser Gnade bedarf und willentlich das Heil annimmt. Für die weitere Auseinandersetzung mit dieser Frage würde das Buch von Gromacki »Niemand wird sie aus meines Vaters Hand reißen« (1974) empfohlen. Es ist eine einfache, klare Darstellung dieser Thematik, die vor allem auch zum Ausdruck bringt, daß Erwählung Frohe Botschaft ist!

Der Gedanke der Erwählung hilft uns zur Gewißheit des Heils. Wer volles Vertrauen hat zum Wort Gottes, der darf auch seines Heils gewiß sein – dafür sorgt der Heilige Geist –, und er wird in diesem Glauben ein unerhörtes Maß von Kraft finden.

II

DER LANGE MARSCH

1. Kapitel

Am Anfang: Aufbruch und Kampf

Joseph: Triumph der Fügung Gottes

> »Ihr gedachtet es böse mit mir zu machen, aber Gott gedachte es gut zu machen, um zu tun, was jetzt am Tage ist, nämlich am Leben zu erhalten ein großes Volk.«
> 1. Mose 50, 20

In der Bibel handelt Gott durch den von ihm berufenen einzelnen. Durch Noah hat er die Arche bauen lassen, um die Menschheit vor der Sintflut zu retten. Durch Abraham begann der Auszug aus der heidnischen Welt Babylons und die Begründung der Gemeinde.

Diese Gemeinde Gottes muß kämpfen gegen die Welt der Götter. Ausgewählt für die Vorbereitung dieses Kampfes wird Joseph, einer von den Söhnen Jakobs. Jakob war es, der mit Gott kämpfte. Deswegen bekam er den Namen Israel, das heißt: der Mann, der mit Gott gekämpft hat. Wer mit Gott gekämpft hat und sich von ihm besiegen ließ, wird nun in Gottes Kraft mit den Göttern kämpfen müssen. Sein Sohn Joseph wurde dazu auserwählt, diesen Kampf vorzubereiten. Rückblickend wird er einmal zur Gemeinde sagen können (1. Mose 45, 7): »Aber Gott hat mich vor euch hergesandt, daß er euch übrig behalte auf Erden und euer Leben erhalte zu einer großen Errettung.« So sprach er, als er seine Aufgabe erfüllt hatte. Aber bevor er das sagen konnte, hatte er einen langen Weg des Kampfes und der Bewährung zu beschreiten. Im Blick auf das Leben des Joseph können wir deutlich zwei Phasen erkennen, die zeigen, wie Gott die Männer ausrüstet, die er für eine besondere Aufgabe erwählt.

Da ist zunächst ganz klar und eindeutig der Auftrag. Die Brüder sagen, als sie Joseph sehen, da kommt der »Träumer«. Sie sagen es aus Neid. Denn ganz offensichtlich nahm Joseph eine Sonderstellung ein. Er war eben anders als die anderen. Und es muß sicherlich – rein menschlich gesehen – kein Vergnügen gewesen sein, sich Josephs Träume anzuhören.

Der Ausdruck »der Träumer« hat im Blick auf den hebräischen Urtext einen ganz besonderen Sinn. Der Träumer ist nämlich »der zum weissagenden Träumen Ermächtigte« (1. Mose 37, 19). Die Träume des Joseph sind also keine »Meldungen« des Unbewußten, sondern Offenbarungen Gottes. Joseph hat das Prophetenamt für die von Gott erwählte Gemeinde erhalten! In Josephs Träumen ist Gottes Wort.

Im ersten Traum erzählt Joseph seinen Brüdern, daß sich ihre Garben vor seiner Garbe neigten. Dieses Bild sagt zweierlei: Führung des Volkes durch Joseph. Seine Brüder sind ihm untergeben, denn Joseph hat das Wort empfangen, und durch dieses Wort kann er seine Brüder – das heißt die Gemeinde Gottes – leiten. Der andere Sinn: Wenn die anderen Garben fallen, steht die Garbe Josephs. Das heißt, Joseph wird seine Brüder retten.

Der zweite Traum ist noch umfassender. Sonne, Mond und elf Sterne verneigen sich vor Joseph. Mit »Kokabim« sind wohl die Tierkreissternbilder gemeint, die sich vor dem Stern Josephs verneigen. Im engeren Sinne könnte man den Traum so deuten, daß Sonne und Mond Vater und Mutter sind und die elf Sterne die Brüder. Also muß sich die ganze Familie vor Joseph verneigen. In einem weiteren Sinne (vor allem wenn man bedenkt, daß in 5. Mose 33, 17 Joseph als der Stier bezeichnet wird) hat der Traum eine viel umfassendere Bedeutung. Der Stier ist im damaligen Verständnis des Orients der Bringer der Heilszeit. Also bedeutet dieser Traum, daß sich der Kosmos vor dem verneigt, der als der von Gott Erwählte das Heil bringt. Der Weltenraum hängt nicht in der blinden Gesetzlichkeit von Zufall und Notwendigkeit. Er wird auch nicht von Göttern (die den Sternen gleichgesetzt wurden) regiert. Das geoffenbarte Traumbild des Joseph ist für die damalige Welt so verständlich wie für die heutige: Was wir Götter oder Naturgesetze nannten oder nennen, steht in der Macht Gottes. Gott ist der Allmächtige! Und diese Allmacht Gottes ist nicht verborgen, sondern nun durch Joseph offenbar geworden. Joseph bringt dem Volke das Heil, eben dem Volke, aus dem Christus hervorgehen wird. Joseph zeigte auf Christus, von dem es im Prolog des Johannesevangeliums heißt: ». . . die Welt ist durch ihn gemacht, aber die Welt erkannte ihn nicht!« (Joh. 1, 10). Die Welt erkannte auch Joseph nicht. Ja, seine eigenen Brüder erkannten ihn nicht. So nahm er schon etwas von dem vorweg, was auch Christus später erfahren sollte: »Er kam in sein Eigentum, aber die Seinen nahmen ihn nicht auf!« (Joh. 1, 11).

Wer von Gott auserwählt wird, um eine Aufgabe durchzuführen, der wird durch Leiden für diese Aufgabe reif gemacht. Die Bibel kennt nicht den christlichen Helden, der sich unangefochten siegreich nach oben aufschwingt. Der von Gott Erwählte wird in die Schule des Leidens genommen. Das bedeutet für Joseph, daß die Brüder den Träumer Joseph mißverstehen, so als ob er in Überheblichkeit nur von sich, nicht aber von seinem Auftrag spräche. Josephs »Überheblichkeit« beantworten sie mit Neid. Auch hier denken wir daran, was Christus widerfahren wird, wenn es von ihm heißt, daß sie ihn »aus Neid überantworteten«.

Christus wurde gekreuzigt.

Joseph wurde nicht gekreuzigt. Er wurde von den Brüdern in eine Zisterne geworfen und dann als Sklave nach Ägypten verkauft. Man wollte ihn zunächst umbringen. Aber Gott hielt seine bewahrende Hand über ihn. Er ließ die Katastrophe dicht an den Auserwählten herankommen, aber er ließ nicht zu, daß er durch die Katastrophe vernichtet wurde. Joseph mußte jedenfalls durch die Erfahrung der Todesangst hindurch – das war der Wille Gottes.

Nach dem Leiden in der Todesangst kam die Versuchung. Potiphars Weib, die Frau eines hohen ägyptischen Beamten, wollte ihn haben. Joseph widerstand der Versuchung. Gott hatte ihn nicht vor dem Tod bewahrt, damit er nun Ehebruch begehen sollte. Er wußte, daß er von Gott geführt wurde. Er erkannte seinen Auftrag und hatte ihn angenommen. Weil aber die Frau eines der mächtigsten Männer in Ägypten den Sklaven aus der Wüste nicht bekommen konnte, nahm sie als »enttäuschte Frau« bittere Rache. Sie verleumdete Joseph, täuschte Ehebruch vor und ließ ihn ins Gefängnis werfen. Joseph durchlitt das Martyrium aufgrund einer Lüge. Es war vielleicht von allen seinen Leiden das schlimmste. Aber Joseph bestand auch diese Bewährung. Seine Geduld bewirkte Hoffnung, und die Hoffnung wurde nicht zuschanden (Röm. 5, 3). Gott führt ihn heraus aus der Gefangenschaft: Es gibt für den Erwählten kein Leiden, das nicht eines Tages in Freiheit und Freude verwandelt wird. – Das ist es, was wir aus dieser Geschichte lernen sollen.

Am Beispiel des Joseph kann man erkennen, daß es so etwas wie ein heilsgeschichtliches Gesetz Gottes gibt, das sich immer wiederholt. Dieses heilsgeschichtliche Gesetz Gottes zeigt, daß der Weg der Erlösung, den Gott mit seinem Volk – aber auch mit jedem einzelnen – geht, immer ein Weg der Spannung ist. Oft scheint alles verloren und aussichtslos – aber das Ziel wird am Ende erreicht. Ja, es gibt so etwas wie die List des Heiligen Geistes. Da, wo ein Mensch meint, die Pläne Gottes durchkreuzen zu können, setzt er gegen seinen Willen Gottes Absichten durch. Und der Glaubende? Oft könnte er den Mut verlieren, könnte resignieren und vielleicht meinen, daß Gott ihm seine Hilfe versagt. Aber im Rückblick zeigt sich dann, daß der Geist der Liebe über allen Umwegen wachte, damit der Wille Gottes doch siegen konnte.

Joseph wurde ein mächtiger Mann in Ägypten; in der gewaltigen Hierarchie Ägyptens stand er unmittelbar unter dem Pharao. Die Kraft des von Gott erwählten Menschen bewahrte das Land vor einer Hungerkatastrophe. Als seine Brüder vor dem Hungertod standen, konnten sie mit ihren Familien nach Ägypten fliehen und überleben. Joseph hatte die Macht, dafür zu sorgen, daß sie aufgenommen wurden. Deswegen konnte Joseph zu seinen Brüdern sagen, nachdem er seinen Auftrag erfüllt hatte: »Ihr gedachtet es böse mit mir zu machen, aber Gott gedachte es gut zu machen, um zu tun, was jetzt am Tage ist, nämlich am Leben zu erhalten ein großes Volk. So fürchtet euch nicht . . .« (1. Mose 50, 20).

Aufbruch aus Ägypten: Gott gegen die Götter

> »Ich bin der Herr und will euch wegführen von den Lasten, die euch die Ägypter auflegen, und will euch erretten von eurem Frondienst und will euch erlösen mit ausgerecktem Arm und durch große Gerichte; ich will euch annehmen zu meinem Volk und will euer Gott sein, daß ihr's erfahren sollt, daß ich der Herr bin, euer Gott . . .« 2. Mose 6, 6–7

Es war der unbegreifliche Wille Gottes, sein Volk durch die ägyptische Gefangenschaft hindurchzuführen. Ägypten bedeutete nicht nur Sklaverei, sondern Ägypten bedeutete Dienst unter fremden Göttern – das Leben der Gemeinde Gottes in einer gottlosen Welt.

Nach Josephs Tod kannte man bald den Namen Josephs nicht mehr. Der neue Pharao »wußte nichts mehr von Joseph«. Das Gottesvolk, das ursprünglich eine Sonderstellung im ägyptischen Staatswesen hatte, wurde zum Sklavendienst im Lande Gosen erniedrigt.

Dieser Weg in die Sklaverei erfolgte mit Zwangsläufigkeit, denn Freiheit gab es in Ägypten nicht. Es konnte in Ägypten keine Freiheit geben, weil der Mensch unter den Göttern Ägyptens nicht frei sein durfte. Die Unfreiheit war ein religiöses Problem – für uns heute zunächst undenkbar, aber im Grund heute genauso wirklich wie damals.

Wie stand es mit der ägyptischen Religion? Es stand mit der ägyptischen Religion so, wie es mit jeder Religion steht. Jede Religion ist der Verstoß gegen das erste und zweite Gebot: man will sich von Gott ein Bild machen. In den Göttern schafft sich der Mensch Gott nach seinem Bilde. Gott ist dann gleich einem Menschen. Und ein Mensch ist dann wie ein Gott. Der Gipfelpunkt menschlicher Macht muß somit zwangsläufig göttlich sein. Deswegen mußte der Pharao, die Summe irdischer Macht, als göttlich gelten. Der Pharao war als »Sohn Gottes« Träger der göttlichen Kraft und damit der Weltordnung. Menschen, Tiere, Pflanzen und Flüsse – alles lag in der Herrschaft des Pharao. Dieser Mensch war der »Herr über den Kosmos«. Erst jetzt verstehen wir den Sinn von Josephs Traum, als sich Sonne, Mond und Sterne vor ihm, dem von Gott Auserwählten neigten. Denn das ist ja die Frage: Sind es die Götter, die der Mensch nach seinem Bilde gemacht hat, oder ist es Gott, von dem dieser Kosmos regiert wird – ist Joseph der Erwählte, oder Pharao, der sich selbst für Gott hielt?

Über den Pharao schrieb Julian Huxley (»Die Wüste und die Götter«, 1954) ». . . Nirgendwo anders war der geweihte Priesterkönig so erhaben wie in der Person des Pharao. Er galt nicht mehr nur als geweiht, als heilig, sondern als göttlich. Und faßte man ihn als göttliches Wesen auf, so war es natürlich, daß er, wenn möglich, mit den Göttern des Lebens in der anderen Welt teilhaftig wurde. Außerdem, wenn der Wohlstand des Königreiches in diesem sterblichen Leben an seine Person gebunden war, war es dann nicht natürlich oder wenigstens wahrscheinlich, daß der Zusammenhang nach seinem Tode weiterbestünde? Also gab es zwei Gründe, Königen das

Fortleben nach dem Tode zu sichern. Und anfänglich scheint die Möglichkeit eines solchen Fortlebens nur Königen vorbehalten gewesen zu sein . . .« Nur die Könige – zunächst nur sie – waren unsterblich. Deswegen die Pyramiden! Sie waren Grabstätten der Pharaonen als Söhne der Götter, die über den Tod hinaus lebten. Sie waren ja des Lebens der Götter teilhaftig. Sie wurden einbalsamiert, und eine gewaltige Steinmasse stand über ihren Leibern. Warum wurden sie einbalsamiert? Ihre Leiber sollten erhalten bleiben. Denn das Irdische – das ist der Wesenszug der ägyptischen Religion – entsprach dem Himmlischen. Was man auf Erden abgebildet oder im Griff hatte, entsprach der himmlischen Wirklichkeit. Was auf Erden geschah, geschah auch im Himmel. Pflegte man den toten Pharao – wenigstens seinen Leib –, dann blieb er auch im Himmel erhalten. Also mußte man für ihn etwas auf der Erde tun, damit er wiederum etwas im Himmel für die Menschen tun konnte. Julian Huxley schreibt: »Die Ägypter glaubten fest, fast inbrünstig, daß das Fortleben nach dem Tode von der dauernden Erhaltung der Leiche abhinge . . .« Eben das führte zur Einbalsamierung und schließlich zu ganz verwickelten Techniken der Mumifikation. Das jenseitige Leben war ein Abbild des diesseitigen Lebens, Kult mit den Toten auf Erden war Kult mit den Lebendigen im Himmel. ». . . Das Standbild in der Grabstätte war Abbild des Toten und ermöglichte dem Geist, den Körper zu erkennen, wenn er aus dem Jenseits zurückkehrte, um seine Kraft mit den wirklichen oder nachgeahmten Opfergaben zu erneuern, die im Grabe dargebracht wurden . . .«

Hier ist also der Götzenglaube Ägyptens mit der Vergötzung des Menschen verbunden. Hier ist wirklich der Himmel greifbar geworden, wenn durch Techniken religiöser Praxis auf der Erde die Geschicke des Himmels manipuliert werden. Und so war es sicher nicht nur in Ägypten. Freilich sind die Formen religiöser Kulthandlungen verschieden – aber der Sinn ist doch immer derselbe. *Frei* waren nicht einmal die Götter, die selbst in einem System von Himmel und Erde, Opfern, höheren und niederen Mächten, kleineren und größeren Göttern »funktionieren« mußten. Im Grunde waren sie alle Sklaven. Vom höchsten, im Bilde gefangenen Gott bis zum dahinvegetierenden Fellachen.

Viel später schrieb der Apostel Paulus in seinem ersten Brief an die

Gemeinde zu Korinth (10, 20): ». . . Was die Heiden opfern, das opfern sie den bösen Geistern und nicht Gott . . . Nun will ich nicht, daß ihr in der Teufel Gemeinschaft sein sollt. Und ihr könnt nicht zugleich trinken des Herrn Kelch und des Teufels Kelch.« Götter sind also Dämonen!

Immer, wenn etwas *unumschränkt* über einen Menschen herrscht, gewinnt es den Rang eines Götzen, und das Leben wird dämonisiert. In Ägypten wurden sogar Tiere zu Gottheiten, und diese »Gott-Tiere« wurden nach ihrem Tode gleich den Pharaonen einbalsamiert und verehrt. Der griechische Geschichtsschreiber Herodot war entsetzt, als er den Tierkult in Ägypten beobachtete. Die Ursache für diesen Tierkult war, daß der Mensch sich von den Mächten der Natur abhängig fühlte. Die Natur wurde daher vergötzt. Darüber sollten wir uns nicht zu sehr wundern, die wir uns heute von Naturgesetzen beherrscht wissen, also die Gesetze der Natur – die für viele Menschen das Letztgültige überhaupt ist – zu Göttern und damit zu Dämonen erhoben haben.

Nun verstehen wir auch, warum im 2. Buche Mose (12, 12) ausdrücklich gesagt wird, daß Gott seine Strafe an den Göttern Ägyptens erweisen will. Denn es ist Schuld, Dämonen zu dienen oder ihnen zu opfern. Es ist Sünde, nicht Gott, sondern seinen vermenschlichten Abbildern, – ja den Feinden Gottes, die »Ehre« zu geben. Jetzt verstehen wir aber auch, was es eigentlich mit den »Plagen Ägyptens« auf sich hatte. Denn diese Plagen Ägyptens richteten sich gegen die Götter jener dämonisierten Welt. Als Gott die Froschplage über das Land herfallen ließ (2. Mose 8, 9) und das Land in den Fröschen zu ersticken drohte, war das ein Gericht über die Tiergottheiten (Frösche wurden als Symbol einer Göttin in Ägypten angebetet). Der Gestank der gestorbenen Frösche nach der Plage in Ägypten war letzten Endes der Gestank entmachteter Götter, über die Gott Sieger und Herr war.

Der Kampf gegen die Götter in Ägypten wurde von einem Mann geführt, den Gott buchstäblich aus dem Wasser geholt hatte. Der Ausdruck Mose (eigentlich ein ägyptisches Lehnwort) bedeutet in der hebräischen Sinndeutung »aus dem Wasser gezogen«. Auch das Leben des Mose mußte durch Abgründe hindurch. Immer wieder sollte er in seinem Leben erfahren, was es heißt, aus dem Wasser – eben aus der Katastrophe – gezogen zu werden. Das widerfuhr ihm schon von Anfang an. Männliche Kinder der Israeliten mußten auf Anordnung der Mächtigen Ägyptens getötet werden. Das Mosekind wurde ausgesetzt, in ein Kästlein gebracht und dann von der Tochter des Pharao entdeckt und so auf wunderbare Weise vor dem Tode bewahrt. Mose konnte überleben. Dieser »aus dem Chaos Gezogene« sollte im Auftrag Gottes den Kampf aufnehmen. Er riß sich nicht darum. Er wollte eigentlich nicht. Alle, die von Gott herausgerufen werden, um seine Zeugen zu sein, drängen sich nicht dazu. Zum Kampf gegen die Götter wird man berufen.

Die Plagen, die über Ägypten kamen, erreichten ihren Höhepunkt, als alle männliche Erstgeburt, auch die der Israeliten, in einem furchtbaren Strafgericht getötet werden sollte. Aber so wie Noah vor der Sintflut bewahrt wurde, weil er glaubte, so wurde das Gottesvolk bewahrt vor dem Strafgericht Gottes, weil es im Glauben dem Ruf Moses zum Aufbruch in die Wüste folgte. Das Gericht erging über die Heiden. Am Volke Gottes ging es vorbei.

Wurden die Israeliten gerettet, weil sie bessere Menschen waren als die Ägypter? War es ihr Verdienst, daß sie aus der Sklaverei herauskamen – etwa als Ergebnis einer politischen Revolution? Siegten hier Guerillas im Kampf um die Freiheit?

Ein politisches Mißverständnis des Aufbruchs aus Ägypten kann gar nicht möglich sein, wenn man genau nachliest, was damals wirklich geschah.

Die Israeliten wurden vor der Vernichtung der männlichen Erstgeburt bewahrt, wenn sie das Blut eines Lammes, das sie zu Beginn der Nacht schlachten sollten, an ihre Türpfosten strichen! So hatte Mose es im Auftrage Gottes dem Volke ausgerichtet.

Aber warum mußte das Blut eines Lammes an die Türpfosten geschmiert werden, damit Gott in seinem Zorn vorüberging? Auch das Gottesvolk steht in der Sünde, *auch die Erwählten sind Sünder.* Der weitere Zug des Gottesvolkes durch die Wüste wird nur zu genau deutlich machen, wie dieses hadernde, zweifelnde und immer wieder ungehorsame Volk auch von der Macht der Sünde beschattet wurde.

Was damals für das israelitische Gottesvolk galt, gilt auch für uns Christen. Wer sich ehrlich prüft, entdeckt die Sünde. Wer kann den

Mut zum Kampf haben, wenn er selbst schuldig ist vor Gott? Das Blut des Lammes ist das Zeichen der Versöhnung. Gottes Gerechtigkeit muß den Tod des Sünders fordern. *Es gäbe keine Gerechtigkeit, wenn es keine Vergeltung für Ungerechtigkeit gäbe.* Ungerechtigkeit muß vernichtet werden, wenn die Gerechtigkeit Gottes siegen soll. Die Sünde muß ausgelöscht werden, wenn die Heiligkeit Gottes bestehen will. Das Blut des Lammes, das am Vorabend der Strafgerichte Gottes in Ägypten geschlachtet wurde, ist das Zeichen der Vernichtung der Sünde und der Ungerechtigkeit im Gottesvolk.

Erst heute verstehen wir, was das Lamm bedeutete. Als Johannes der Täufer Jesus kommen sah, sagte er: »Siehe, das ist das Lamm Gottes, welches der Welt Sünde trägt« (Joh. 1, 29). Das Passahlamm ist Christus, der die Sünde aus der Welt herausträgt für die vielen, die ihm von Gott gegeben sind.

Das Volk konnte nun aufbrechen, weil es Frieden hatte mit Gott.

Ohne Angst können wir nur dann handeln, wenn wir gewiß sind, daß die Strafe, die wir für unsere Sünde (das heißt letzten Endes für unsere Glaubens- und Vertrauenslosigkeit Gott gegenüber) verdienen, an uns vorübergeht. (Passah meint ja das gnädige Vorübergehen Gottes.) Und was ist Sünde? Alles, was nicht aus dem Glauben kommt, ist Sünde (Röm. 14, 23). Alles Handeln, das nicht aus dem Vertrauen gegenüber Gott kommt, sondern begleitet wird von Egoismus, Lebensangst oder Lebensgier, ist Sünde. Und wer hätte diese Sünde nicht an sich selbst erkannt?

2. Kapitel

Die Station der Verzweiflung

Am Schilfmeer: Rettung, wo nichts zu hoffen war

> »Da sprach Mose zum Volk: Fürchtet euch nicht, stehet fest und sehet zu, was für ein Heil der Herr heute an euch tun wird. Denn die Ägypter, die ihr heute seht, werdet ihr niemals wiedersehen. Der Herr wird für euch streiten, und ihr werdet stille sein.«
>
> 2. Mose 14, 13–14

Als sich das israelitische Gottesvolk auf den Weg aus der Knechtschaft in die Freiheit machte, hatte es sich ganz auf Gott verlassen. Im alttestamentlichen Bericht heißt es, daß dem wandernden Gottesvolk eine Feuersäule vorausging; das sollte ein Zeichen dafür sein, daß sie *Gott selbst* folgten. Gott ging vor ihnen her. Ganz deutlich war aber auch damit gesagt, daß dieser Weg ein Weg des Glaubens und des Vertrauens sein würde.

Dieser Glaube wurde schon gleich nach dem Aufbruch auf eine – zunächst kleine – Probe gestellt. Man ging nicht den direkten Weg in das Land Kanaan, das dem Volke ja verheißen und als Ziel vorgestellt worden war. Vielmehr sollte das Volk eine Schwenkung nach Südwest unternehmen. Das war eine Wegänderung, die den Ägyptern so bedeutsam erschien, daß sie meinten, das Volk habe sich in der Wüste verirrt. Sicherlich haben auch die Israeliten den Auftrag, nach Südwest auszuschwenken, nicht verstanden. Aber noch waren sie bereit, im Vertrauen auf Gott zu folgen. Für die Ägypter allerdings war gerade das der Anlaß, den Israeliten nachzusetzen, um sie zu vernichten.

Es kam die Stunde der Bedrohung. Die ägyptische Heeresmacht, die in ihrer Ausrüstung für die damaligen Verhältnisse einzigartig war, setzte dem kleinen Haufen schlecht bewaffneter Israeliten nach. Die Strategie der Einkesselung gelang. Auf der einen Seite sahen die Israeliten die ägyptische Heeresmacht heranrücken, und auf der anderen Seite war das Schilfmeer. Dieses Meer, das allgemein

Rotes Meer genannt wird, hat mit dem heutigen Roten Meer nichts zu tun. Es handelt sich um ein Schilfmeer, das irgendwo nördlich vom Golf von Suez gelegen haben muß. Auf alle Fälle ist die Lage des Volkes unmißverständlich: Ausweglosigkeit durch totale Umzingelung.

Sollte das nun »der Lohn dafür« sein, sich auf Gott eingelassen zu haben? – Ist auf Gott »kein Verlaß?« Ist der Aufbruch aus Ägypten Anfang eines Irrwegs gewesen? Ganz einfach gefragt: War alles falsch? »Wären wir nicht besser in Ägypten geblieben?«

In der ausweglosen Situation ist der Zweifel das Schlimmste. Der Zweifel führt zur Anklage gegen Gott und gegen sich selbst.

Ach könnte man doch wieder zurück und alles ungeschehen machen! Auch die Israeliten wollten angesichts der Katastrophe, die ihnen bevorstand, wieder zurück. Für den Tod hätten sie nicht den Aufbruch auf sich nehmen müssen, den hätten sie auch in Ägypten haben können.

Was sich hier am Schilfmeer abspielt, werden wir auf dem »langen Marsch« durch die Wüste immer wieder erleben. Aber auch später werden wir mit solchen Situationen der Ausweglosigkeit in der Bibel konfrontiert: Als David vor Saul floh, dachte er, es sei alles aus. Er sah keine Chance mehr für irgendeine Aufgabe und wollte dem Volke nicht mehr dienen. Die Gefahr schien ihn zu erdrücken. Und dennoch wurde David König an Sauls Statt, und Saul endete im Selbstmord. – Der Prophet Elia resignierte unter dem Wacholderstrauch, als er von Isebel, der Dienerin der Abgötter, verfolgt wurde. Auch er wollte nicht mehr leben und sagte: »Es ist genug.« Aber Elia überwand und sah, wie die Hunde das Blut Isebels leckten.

So wie es mit David und Elia weiterging, so ging es auch mit den Israeliten am Schilfmeer weiter.

Wo menschlich gesehen keine Hoffnung mehr ist, zeigt Gott einen Weg. Der Glaube schafft Wunder, denn der Glaube breitet die Not vor Gott aus: Mose schrie die Verzweiflung hinaus, die das ganze Volk fühlte. Aber Mose schrie sie nicht in den »leeren Weltenraum«. Mose schrie zu Gott – und Gott antwortete: »Der Herr wird für euch streiten, und ihr werdet stille sein!« (2. Mose 14, 14)

Das konnte Mose dem Volk weitersagen, weil er Antwort auf sein

Rufen empfangen hatte. Es ist eine merkwürdige Antwort! Hier ist kein Aufruf zu einer besonderen Aktivität oder Strategie – das Volk soll eigentlich nichts anderes tun, als stille sein und Gott für sich streiten lassen. Weiter nichts? – fragen wir.

Nur stille sein und auf Gott warten? – Dazu schreibt der schottische Theologe C. H. Mackintosh in seinem Buch »Gedanken zum 2. Buche Mose«: »Denn kaum etwas trägt so sehr zur Verherrlichung des Namens unseres Herrn Jesus bei wie die tiefe Ruhe, die dem Bewußtsein entspringt, daß sich Jesus zwischen uns und allem befindet, was unsere Herzen beunruhigen könnte. Natürlich ist hier nicht von Jesus die Rede; aber die Feuersäule, die dem Gottesvolk den Weg weist, ist ein Zeichen auf Jesus hin, der damals noch nicht sichtbar mitten unter dem Volk wandelte, aber unsichtbar es schon begleitet hat und begleiten wird bis zu dem Augenblick, da es von ihm heißt »das Wort ward Fleisch, und wir sahen seine Herrlichkeit« . . . Der nicht wiedergeborene Mensch mag mit großer Festigkeit und Entschiedenheit seine eigenen Wege verfolgen; aber eins der wesentlichen Elemente der neuen Schöpfung ist das Mißtrauen gegen sich selbst, verbunden mit dem Vertrauen auf Gott. Nur wenn wir die Rettung Gottes gesehen haben, können wir darin wandeln; aber wir werden sie niemals deutlich erkennen, bevor wir nicht von der Nutzlosigkeit unserer eigenen Anstrengungen überzeugt worden sind.«

Die Israeliten waren von der Nutzlosigkeit ihrer eigenen Anstrengung nun wirklich überzeugt, und es blieb ihnen gar nichts anderes übrig, als ganz und gar auf Gott zu vertrauen. Und genau das taten sie. Dieses bedingungslose Vertrauen in einer ausweglosen Situation ist so etwas wie eine Taufe. Denn in der Taufe wird der Mensch ja untergetaucht, und die Chaosmächte schlagen über ihm zusammen, und Gott selbst ist es, der ihn wieder aufrichtet. Deswegen konnte der Apostel Paulus rückblickend auf dieses Ereignis im ersten Brief an die Korinther (10, 2) schreiben, daß sie alle durch das Meer hindurchgegangen sind und auf Mose getauft wurden. Mose, der ja schon aus dem Wasser herausgezogen war, der ja schon an sich selbst erfahren hatte und immer wieder erfahren mußte, was es heißt, ein Geretteter zu sein, vertraute da, wo nichts mehr zu hoffen war. Diesem Vertrauen wurde von Gott Antwort gegeben.

Dabei hilft Gott immer so, daß er uns auf unser Gebet hin zunächst einen Weg zeigt, den wir beschreiten sollen, oder daß er uns sagt, was wir tun sollen. Die Antwort Gottes auf unser Gebet ist fast immer eine Aufforderung, *im Glauben zu handeln.* Und dann kommt die Befreiung. So wurde das Gebet des Mose mit dem Auftrag beantwortet, einen Stab zu nehmen und an das Meer zu treten. Das zu tun, setzt Glauben voraus. Wir rufen Gott an, und wir erhalten eine Antwort, *indem uns der Weg des Glaubens gezeigt wird.* Dieser Weg des Glaubens – er wird zum langen Marsch im Blick auf das Ganze unseres Lebens – ist der Weg zum Sieg.

So nahm also Mose den Stab, wie Gott es ihn geheißen hatte, und trat an das Schilfmeer heran. Die Wasser teilten sich und das Volk ging durch das Meer hindurch. Die Wasser standen wie Mauern an den Seiten, und die Israeliten wurden gerettet. Auch die Ägypter wollten durch das Meer hindurch, aber die Wogen der Chaosmacht schlugen über ihnen zusammen. Allein Gott ist der Herr über die Chaosmächte; die Götter sind selbst Chaos und können nicht helfen.

Fels in der Wüste: Wider den Hader mit Gott!

> »Siehe, ich will dort vor dir stehen auf dem Fels am Horeb. Da sollst du an den Felsen schlagen, so wird Wasser herauslaufen, daß das Volk trinke. Und Mose tat so vor den Augen der Ältesten von Israel. Dann nannte er den Ort Massa und Meriba, weil die Kinder Israels dort gehadert und den Herrn versucht und gesagt hatten: Ist der Herr unter uns oder nicht?«
>
> 2. Mose 17, 6–7

Der Weg durch das Schilfmeer war natürlich nicht die letzte große Herausforderung auf dem langen Marsch durch die Wüste. Hätten die Israeliten gewußt, was ihnen alles auf diesem Wege bevorstand – ob sie weitergegangen wären? Wenn wir wüßten, was uns auf unserem Weg alles noch bevorsteht – ob wir weitergehen würden?

Der Mensch weiß nicht, wie lange und wie schwer der Marsch zum Ziel des Heils sein wird. Vielleicht ist es gut, daß er es nicht weiß; wahrscheinlich würde oder könnte er sonst nicht weitergehen.

Im Vaterunser-Gebet heißt es: »Unser täglich Brot gib uns heute.«

Diese Bitte hat einen tiefen Sinn. Wir können nicht nur, sondern wir dürfen gar nicht das »Ganze« übersehen wollen. Es ist genug, »daß jeder Tag seine eigene Plage habe«, wie Jesus sagt (Matth. 6, 34).

Nach der Station der Herausforderung am Schilfmeer kamen viele andere Stationen der Angst und des Zweifels. Das Volk wurde von Hunger verfolgt und von Durst gequält und von heidnischen Völkern bedrängt. Aber immer dann, wenn die Israeliten aufschrien zum Herrn, empfingen sie Hilfe. Wenn sie Hunger hatten, bekamen sie Manna, jenes merkwürdige, unbeschreibliche und wundersame Brot, das vom Himmel fiel. Oder Wachtelschwärme fielen ein, konnten gefangen werden und den Hunger stillen.

Dennoch kam es nicht nur zum Zweifel, sondern auch zum Hader mit Gott. Zu den inneren Problemen kam die äußere Herausforderung: Die Amalekiter versperrten den Weg. Ein Kampf auf Leben und Tod schien unvermeidlich. Die Amalekiter stammen von Esau ab – sie gelten wie Esau als Symbol der »Macht von unten«, des Antichristen, der am Ende der Zeit sich offenbaren wird. Und dieser äußere Feind entsprach ihrer eigenen inneren Lage: zum Aufbegehren, das sie selbst gegen Gott hatten, kam noch die Macht des Gotteshasses von außen.

Wir fragen uns, warum die Israeliten durch ihre vielen Prüfungen nicht gelernt hatten, auf den Herrn zu vertrauen. Wie war es möglich, daß sie immer wieder in Zweifel und jetzt sogar in Hader fielen! Die Antwort gibt vielleicht jene Begebenheit, die vor Massa und Meriba geschah.

Als das Manna vom Himmel fiel, durfte es nicht eingesammelt werden. Die Israeliten sollten es jeden Tag neu empfangen. Was eingesammelt wurde, fing in widerlicher Weise an zu verwesen. Sie sollten jeden Tag dieses Brot neu empfangen. Das hat eine tiefe Bedeutung: Wir können durch Gott und aus Gott nicht *auf Vorrat* leben. Es gibt keinen Schatz der Frömmigkeit, den wir gleichsam in einer Tiefkühltruhe aufbewahren könnten.

Auch hier hat wieder C. H. Mackintosh in seinen »Gedanken zum 2. Buche Mose« diese alttestamentliche Aussage für unsere Zeit interpretiert: »Denn wenn meine alte Natur erneuert ist, was bereitet mir denn noch Kampf? In mir gibt es nichts, weil meine alte Natur neu gemacht ist; und von außen kann nichts auf mich einwirken, weil das Böse keinen Anknüpfungspunkt in mir findet. Die Welt hat keinen Reiz für jemanden, dessen Fleisch völlig verändert ist. Und Satan findet nichts, wodurch und worauf er wirken könnte. – Wer eine solche falsche Lehre aufstellt, hat den Platz vergessen, den Amalek in der Geschichte des Volkes Gottes einnimmt. Wenn die Israeliten sich eingebildet hätten, daß mit der Vernichtung der Heere des Pharao der Kampf für sie beendet sei, dann wäre es traurig um sie bestellt gewesen, als Amalek sie überfiel. Vielmehr nahm ihr Kampf gerade damals seinen Anfang – und bei den Gläubigen ist es genauso . . .« Mackintosh zitiert in diesem Zusammenhang den Ausspruch des Apostels Paulus: »So lasset nun die Sünde hinfort nicht herrschen in eurem sterblichen Leib . . .« Dazu bemerkt Mackintosh: »Ein solches Gebot wäre sinnlos, wenn das Fleisch im Gläubigen nicht mehr vorhanden wäre. Wie könnten wir ermahnt werden, die Sünde nicht in uns herrschen zu lassen, wenn sie tatsächlich nicht mehr in uns wohnte! Zwischen wohnen und herrschen besteht ein großer Unterschied. Die Sünde wohnt in dem Gläubigen, aber sie herrscht in dem Ungläubigen.«

Daß es diesen fortwährenden Kampf gibt, wollten die Israeliten nicht annehmen. Sie wollten ein für allemal sicher vor Gott dastehen. Daß sie nun wieder in Anfechtung gerieten, daß sie wieder vom äußeren Feind bedroht wurden, das konnten sie nicht verstehen. Sie wünschten sich den Augenblick, an dem sie ein für allemal mit ihren Problemen fertig wären, um gleichsam ins Paradies zurückzukehren. Daß dieser Augenblick nicht kam, führte zum Murren gegen Gott. Diese Auflehnung brach so heftig auf, daß sie sogar Mose, den Mann, der sie aus der Sklaverei herausgeführt hatte, steinigen wollten. Im Zweifel verbirgt sich die Angst, im Hader lauert der Haß. Auch da mußte das Volk hindurch.

Wieder war es das Gebet Moses, das dem Volk in der Wüste half. Wieder schrie Mose zum Herrn, und wieder wurde sein Gebet erhört. Und wieder antwortete Gott nicht gleich durch ein Wunder, sondern zeigte einen Weg, der zum Wunder führt. Mose wurde aufgetragen, den Stab zu nehmen und damit an den Felsen zu schlagen. Mose tat es, Wasser kam aus dem Felsen, und das Volk konnte trinken.

In der rabbinischen Tradition gibt es die Auslegung – die übrigens auch von den Christen übernommen wurde – daß der Felsen (in einer nicht näher umschriebenen Weise) das Volk auf dem ganzen Weg begleitet hätte, so daß es immer wieder Wasser hatte. Damit ist nicht nur das Wasser gemeint, das den irdischen Durst, sondern auch das Wasser des Lebens, das den Durst nach Gemeinschaft mit Gott stillt. Der Felsen geht mit, aber er muß immer wieder im Gebet und im Glauben angegangen werden. Glaube ist der Weg zum Felsen, der das Wasser des Lebens gibt. In der Unsicherheit und Unruhe des Lebens und der Gemeinde ist Gott der Fels. Später wird Christus zu Petrus sagen, daß er der Fels sei, auf dem er seine Gemeinde bauen werde (Matth. 16).

Der lange Marsch durch die Wüste ist ein Kommentar zur christlichen Lehre von der Taufe. Hoffnungen und Wünsche werden begraben. Menschen stehen am Ende und werden durch die Kraft Gottes wieder auferweckt. Das ist das Gesetz aller, die ihren Weg mit Gott gehen. Aus Gott leben bedeutet (und daran hat auch das reformatorische Bekenntnis in unvergleichlicher Weise erinnert), daß der Christ niemals unanfechtbar und ungebrochen (gleichsam vom gesammelten Manna lebend) in dieser zwiespältigen Welt existieren kann. Im Gegenteil, wir müssen immer besser lernen, immer wieder neu zu empfangen. So sieht der »Marsch« der Gemeinde durch eine zwiespältige Welt aus. Christliches Leben ist kein Marsch, auf dem wir durch eigene Kraft Berge, Täler und Meere überwältigen, sondern es ist ein Weg, auf dem wir lernen, immer wieder *die* Kraft zu erbitten und zu empfangen, die nicht aus oder in uns, sondern *von ihm* und *zu ihm* ist.

3. Kapitel

In der Wüste des Irrglaubens

Das Goldene Kalb: Der Versuch, »Gott in den Griff zu kriegen«

> »Als aber das Volk sah, daß Mose ausblieb und nicht wieder von dem Berge zurückkam, sammelte es sich gegen Aaron und sprach zu ihm: Auf, mach uns einen Gott, der vor uns hergehe! Denn wir wissen nicht, was diesem Mann Mose widerfahren ist, der uns aus Ägyptenland geführt hat. Aaron sprach zu ihnen: Reißet ab die goldenen Ohrringe an den Ohren eurer Frauen, eurer Söhne und eurer Töchter und bringt sie zu mir. Da riß alles Volk sich die Ohrringe von den Ohren und brachte sie zu Aaron. Und er nahm sie von ihren Händen und bildete das Gold in einer Form und machte ein gegossenes Kalb. Und sie sprachen: Das ist dein Gott, Israel, der dich aus Ägyptenland geführt hat!«
>
> 2. Mose 32, 1–4

Auf der Wanderung durch die Wüste kam das Volk in das Gebirge Sinai. Dort empfing Mose in der Einsamkeit der Bergwelt das Gesetz Gottes. Dieses Gesetz beginnt mit den Worten: »Ich bin der Herr, dein Gott, der dich aus der Knechtschaft Ägyptens herausgeführt hat, du sollst keine anderen Götter haben neben mir . . . Du sollst dir kein Bildnis noch Gleichnis machen . . . Bete sie nicht an und diene ihnen nicht« (2. Mose 20, 1–5).

Am Anfang stand also eine frohe Botschaft: Der Gott, der gebietet, ist der Gott, der in die Freiheit führt. Gott hat die wunderbare Vorausleistung der Errettung aus der Sklaverei gebracht, die Vorausleistung der Erwählung des Volkes aus Liebe. Nun hofft er auf das Vertrauen Israels, als er die Gebote gibt, die für das Volk heilsnotwendig sind. Ohne Gebote keine Freiheit. Was mit dieser Freiheit gemeint ist, wird aus dem Aufstand gegen diese Freiheit Gottes deutlich.

Das Volk hat das Hauptgebot mißachtet, kaum war es empfangen. Ein Gott, der ohne die Vermittlung durch Mose zu schweigen schien, ein Gott, den man weder sehen noch begreifen konnte, war ihnen ein unnützer Gott. Das Volk forderte also von dem Priester Aaron – der nur zu schnell bereit war, den Willen des *Volkes* zu erfüllen, anstatt dem Willen *Gottes* zu folgen – ein Bild von Gott zu machen. Ein goldener Stier wurde entworfen. Ein Bild von Gott wurde gemacht. Für dieses Bild war jeder bereit, seinen Schmuck zu opfern. Götzen und Abgötter haben seit je Opfer verlangt, und sie sind ihnen auch immer bereitwilligst gebracht worden.

Wer würde heute auf den Gedanken kommen, sich Gott als einen goldenen Stier vorzustellen? Hat diese Geschichte überhaupt noch eine Bedeutung für unsere Zeit? Wer macht sich denn heute noch ein Bild von Gott, sei es aus Stein oder Gold, um es anzubeten? (Zeigt nicht gerade dieses Gebot, daß man alle zehn Gebote auf ihre Wirklichkeitsnähe zur modernen Welt überprüfen müßte?)

Gott ins Bild bringen bedeutet für uns heute, daß wir alles, was existiert – Himmel, Erde und Menschen – begreifbar machen wollen. Begreifbar machen heißt aber in unserer modernen Zeit: die Welt auszurechnen. Nur was man auf eine Formel bringen kann, was sich als ein Funktionssystem meldet, hat Bedeutung. Wir wollen damit über die Welt und über uns selbst »im Bilde« sein.

Es soll keine Geheimnisse oder Rätsel geben. Nur was begriffen wurde, worüber man im Bilde ist, kann man »im Griff« haben. Über die Welt und den Menschen herrschen wollen, heißt zunächst einmal: über Welt und Menschen weitestgehend informiert sein, sie intellektuell »erfaßt« haben.

Dafür ein Beispiel: Die amerikanischen Forscher George Unger und J. McConnell führten unlängst Experimente an Tieren durch, um die »Gedächtnismoleküle« zu ergründen. Mit anderen Worten: Sie wollten den »Stoff ausmachen, aus dem die Gedanken sind«. Jedem Gedanken – so die Argumentation der Forscher – entspricht eine gewisse »eiweißartige Substanz«. Wenn jemand die Zahl vier denkt, dann entspricht dem Denkprozeß »Zahl vier« eine Eiweißkombination.

Richard Cay von der Western-Michigan-University hat zuerst den Beweis erbracht, daß Gedanken und eiweißartige Gehirnsubstanzen zusammenhängen.

Durch viele Versuche an Ratten hat er herausgefunden, daß man

»seelische« Erfahrungen regelrecht aus dem Gehirn herausschneiden kann. Gefühle und Gedanken einer Ratte konnten somit buchstäblich einer anderen Ratte eingespritzt werden. Und wenn Gedanken transplantiert werden können, dann kennt man eben den Stoff, der diese Gedanken trägt. Die letzte Konsequenz wäre: Auch der Glaube an Gott, dem eine Eiweißkombination entsprechen müßte, könnte transplantiert werden. Es gäbe nichts, was man einem Menschen an Gedanken oder Gefühlen nicht einspritzen könnte, weil eben jeder Gedanke von einer Substanz (die übertragbar ist) »getragen« würde. Man stelle sich vor: Es würde gelingen, das Eiweißmolekül herauszuzentrifugieren, das Liebe zu Gott »trägt«. Man stelle sich weiter vor, man würde dieses Eiweißmolekül einem eiskalten Atheisten einspritzen, und dieser würde in Liebe zu Gott Halleluja singen!

Die moderne Gehirnforschung ist z. B. dabei, Aggressions- und Gedächtnisfelder des Gehirns zu ergründen und operabel zu machen. Mit anderen Worten: Es wird versucht, Zonen des Gehirns nach Belieben zu aktivieren oder zu lähmen, das heißt ein- oder auszuschalten.

Was aber haben diese Gegenwarts- oder Zukunftsaspekte mit den Israeliten zu tun, die sich einen goldenen Stier gemacht hatten?

Die Israeliten brachten Gott in die Begreifbarkeit eines Bildes. Diesen Gott hatten sie buchstäblich »in der Hand«. Er mußte genau dahin vor ihnen herziehen, wohin *sie* wollten. Dieser Gott war ihrem Willen unterworfen. Es war ein anschaulicher, begreifbarer und deswegen auch manipulierbarer Gott. Der goldene Stier war also im Grunde nichts anderes, als das Symbol des Willens zur Macht. Wir stoßen hier wieder auf die alte Sünde: Sein wollen wie Gott! Das gleiche tun wir heute: Die (anscheinend) begriffene Welt wird die ausschließlich vom Machtwillen des Menschen beherrschte Welt.

Es ist heute der Wille des Menschen, den Kosmos durch seine Logik in den Griff zu bekommen. Auch wenn man erkannt hat, daß es kein einheitliches Weltbild gibt – der Wille, die Welt in ein Bild hineinzuzwingen, wird dennoch nicht erlahmen. Einer der letzten Philosophen des Abendlandes, Martin Heidegger, sprach im Blick auf unsere Zeit vom Zeitalter des Weltbildes. Nach seiner Meinung haben wir heute alle zugänglichen Tatsachen der Forschung in ein Bild hineingezwungen, um über die Welt »im Bilde« zu sein. So wie die Israeliten damals ihren Schmuck hergaben, damit Aaron ein gegossenes Kalb machen konnte, so gibt man heute für die Forschung in fast allen Nationen Milliardensummen aus, damit die jeweiligen Erkenntnisse zu einem Bild über die Welt und den Menschen beitragen, zu dem wir dann sagen können: Das ist dein Gott; anders und modern ausgedrückt: Das ist die Wahrheit. Wir haben sie begriffen. Dann – wenn das möglich wäre – hätten wir die Welt zum übersehbaren und begreifbaren Gott gemacht. Der geoffenbarte Gott der Bibel wäre damit »erledigt«. Diese Tendenz beherrscht den Menschen unserer Zeit.

Wenn es dahin käme, wäre aber auch die Freiheit des Menschen erledigt. Dann gäbe es nichts mehr, was der Mensch mit dem Menschen nicht tun könnte. Die Manipulation würde erschreckende, unmenschliche Ausmaße annehmen. Ohne die Freiheit Gottes: keine Freiheit des Menschen.

Aber nicht nur im Denken, auch im Gefühl kann man sich seinen Gott machen! Das wird dann so interpretiert: »Nur soviel habe ich von Gott, wie ich von ihm erfühle.« Am liebsten möchte man dann »ganz in Gott aufgehen . . .« Deswegen ist immer wieder versucht worden, durch Ekstase, durch eine außergewöhnliche »Gefühlssituation« *eine Vereinigung mit der Gottheit* zu erlangen.

Auch dieses Bestreben findet sich in unserer modernen Zivilisation. Wenn unsere »Kultur« neben dem hochgezüchteten Intellektualismus eine Drogenkultur ist (oder Rauschgiftkultur), in der man immer wieder aus der bewußt gewordenen Welt flieht, um in die »Rauschkugel« unterzutauchen, das Ich ganz in einen Gefühlsstrom hineinzuwerfen, dann will man auf diesem Wege das endgültige, das absolute Glück erreichen. Gott soll im Gefühl erfaßt werden. Was wirklich lebenswert ist, das soll und muß ja unter die Haut gehen. So ist Gott nicht im Himmel, sondern in der Tiefe der Seele. Mit anderen Worten: Dieses genüßliche Gotteserlebnis, dieser Gottesgenuß ist ein »Konsum« Gottes. Gott wird konsumiert wie ein Gebrauchsartikel.

In den USA ist »Reverend Ike« zum Idol einer breiten Masse geworden. Dieser von seiner Kirche ausgestoßene ehemalige Pastor fährt mit einem Rolls Royce vor gemietete Filmpaläste und schreitet auf für ihn ausgelegten roten Teppichen zur Bühne, auf denen er eine Art religiöser Show abzieht, die dem Tanz um das Goldene Kalb an Effektivität kaum nachsteht. Dieser »Reverend Ike« sagt, Gott sei für ihn nicht »ein Rauschebart im Himmel«. Er predige den Gott »in uns«! Der Inhalt seiner »Evangelisationen« lautet: »Wir sind Gott.« Wenn Reverend Ike betet, kniet er nicht nieder. Er sagt, wer niederkniet, bekommt nur einen »Tritt in den Hintern«. Wenn er mit der »Gemeinde betet«, dann steht man in den riesigen Filmpalästen klatschend, rufend oder auch schreiend, um Gott zu konsumieren. Dann ist man »high«. Dann ruft man in dem bis auf den letzten Platz gefüllten Riesenkino nach, was dieser Prediger der Masse suggeriert: »Ich bin gut!« und die Masse brüllt: »Ich bin gut!« – »Ich liebe Geld!« und die Masse jauchzt: »Ich liebe Geld!« Gott »ist in das Gefühl eingebracht«; man ist, was man fühlt; wenn man sich als Gott fühlt, wird man leben und behandelt werden wie ein Gott.

Wir leben heute in einer Gefühlskultur mit dem Aufstand des Untergrundes in unserer Seele. Auch in das »Christentum« ist diese Bewegung eingebrochen. Das zeigen die »Beatmessen« und die »Rock-Beat-Evangelisationen«, die ganz klar Stimmungen stimulieren wollen. Hier wird zunächst durch eine Art Terrormusik Unruhe und Verwundbarkeit geschaffen. Die Seele wird gleichsam aufgeritzt, die Gefühle werden stimuliert und bis zum Siedepunkt gebracht. In diese Unruhe hinein geschieht dann die Indoktrination. Schlagwörter werden in die Menge gerufen. Da wird dann der Name »Jesus« die große Zauberformel, mit der man alle Probleme löst. Man suggeriert es sich ein, »ich glaube an Jesus« und denkt: Das Leben gehört mir! Man hat zwar nichts von Jesus gehört, vielleicht wird nicht einmal ein Text aus der Bibel vorgelesen, es wird auch nicht darüber gepredigt, es gibt keine Begegnung mit dem Jesus der Bibel, aber es wird *sein Name* genannt als ein Schlüsselwort für eine Art Stimmung, die nette Jungs angeheizt haben, die da oben auf der Bühne oder im Altarraum so »gefühlsprotzig«, so »high« sind, und von deren Stimmungspotential man so gerne etwas abhaben möchte. So jedenfalls empfinden es jene, die zu diesen kabarettistischen Pseudoevangelisationen eingeladen werden. Man gebraucht das Wort Jesus; aber man meint den goldenen Stier, das

Gefühlspotential, das durch Stimulierungen in Bewegung gesetzt wurde.

So also war es auch mit dem Tanz um den Stier in der Wüste Sinai. Der hebräische Text läßt unmißverständlich wissen, daß es sich um eine (auch sexuelle) Orgie im Gefühlsaufstand des seelischen Untergrundes gehandelt hat (2. Mose 32, 6). Statt »Goldenes Kalb« müßte genauer übersetzt werden »Goldener Stier«. Denn es ging damals nicht um die Anbetung des Geldes – wie man diese Stelle der Bibel so oft falsch verstanden hat – sondern um die Anbetung der Fruchtbarkeit, zumal – man vergleiche Darstellungen der heidnischen Welt – der junge Stier immer mit erregtem Geschlecht dargestellt wurde.

Das zweite Gebot: Es geht um die Freiheit

> »Du sollst dir kein Bildnis noch irgendein Gleichnis machen, weder von dem, was oben im Himmel, noch von dem, was unten auf der Erde, noch von dem, was im Wasser unter der Erde ist: Bete sie nicht an und diene ihnen nicht!« 2. Mose 20, 4 f

Sein wie Gott heißt auch, über Gott im Bilde sein. Das wollten Adam und Eva – das war ihr Sündenfall. Alle Religionen – mit Ausnahme der biblischen – sind Religionen der Bilder. Entweder sind es Bilder im engeren Sinne als gemalte (geschnitzte oder in Stein gehauene) Götzenbilder, oder es sind – im Blick auf die Religiosität Asiens – die »Gefühlsbilder« innerhalb der Meditationstechnik, durch die das Göttliche erfaßt werden soll. Deswegen wirken die asiatischen Meditationspraktiken in ihrer letzten Konsequenz immer zerstörerisch auf den christlichen Glauben (wenn sie sich auch als religionsneutrale Meditations- oder Konzentrationsregeln ausgeben). Auch durch »Seelentechnik« wird Gott verdinglicht. Der geradezu unerträgliche Hochmut, der sich hinter der scheinbaren Demut asiatischer Frömmigkeit versteckt, ist ein Zeichen des »Know how« im Umgang mit Gott, der zum Götzen der Seele gemacht wird. Als Mose vom Berg herunterkam und das Unheil des Tanzes um das Goldene Kalb sah, zerschlug er das Bild des Abgottes und verbrannte es. Den Staub schüttete er ins Wasser, die Israeliten mußten das bittere Wasser trinken. Auf den Rauschzustand, auf das »High-sein« folgt der Kater – besser Höllenstimmung der Seele. Der »Religionskonsument« ist nun ausgebrannt und erlebt die quälende Leere des Fernseins von Gott.

Wo man durch den *Intellekt* die Wahrheit ins Bild zwingen will, gerät der Verstand in den Sog des Nichts. Unsere moderne Zivilisation zeigt, wie der Verstand, der Gott und Welt erforschen wollte, nur Rätsel aufstellt und sich selbst nicht mehr versteht. Die quälenden Fragen nach dem Warum und Wozu werden immer aufdringlicher. In dem Maße, wie die von Gott »abgezogene« Welt ins Bild gezwungen wird, wird sie aus der Herrschaft Gottes weggerückt und damit leer und öde gemacht.

Wenn Gott durch *Gefühlsekstase* erlebt werden soll, folgt auf die Höhepunkte der Rauschhaftigkeit eine gräßliche Leere. Eine ausgebrannte Seele bleibt zurück. In beiden Fällen – sei es im gedanklichen oder im gefühlsbetonten Versuch, Gott »zu erfassen« – folgt das Gericht Gottes.

Die Bibel kennt keine Bilder von Gott. Was die Propheten in ihren Visionen sehen, ist immer nur eine »so wie« . . . oder »als ob« . . . Niemals aber wird Gott oder die himmlische Welt als solche gesehen. Der Apostel Paulus sagt: »Wir sehen jetzt durch einen Spiegel in einem dunklen Wort; dann aber von Angesicht zu Angesicht. Jetzt erkenne ich stückweise; dann aber werde ich erkennen, gleich wie ich erkannt bin« (1. Kor. 13, 12).

Weil wir Gott nicht ins Bild bringen können, werden wir auch niemals diese Welt ins Bild bringen. Das heißt, wir werden z. B. niemals alle Geheimnisse hinter den Lebensfunktionen – und deren *Sinn* – entdecken können. Alle Versuche, diese Welt gleichsam griffig zu machen, sind am Ende gescheitert. So ist zum Beispiel der Versuch, den Stoff auszumachen, aus dem die Gedanken sind (um damit Seele und Geist restlos zu manipulieren), am Ende ein Weg des Scheiterns. Es wäre denkbar, daß man das Denken eines Menschen weitgehend entschlüsselt und dann total manipuliert, so wie man jene Ratten manipulierte, mit deren Gehirnen Experimente angestellt wurden. Aber in dem Augenblick, da der Mensch in solch ein System der Manipulierbarkeit hineingepreßt worden ist, hat er schon aufgehört, Mensch zu sein. In dem Augenblick, da wir meinen, ihn »ausgerechnet« zu haben, entgleitet uns sein *Wesen.* Da ist dann nicht mehr der Mensch, sondern nur das Bild, das wir uns vom Menschen aufgerichtet haben. Eine lapidare Parallele: Ich kann jemanden dadurch ganz in meine Gewalt bringen, daß ich ihn töte. Aber der getötete Mensch, über den ich dann verfüge, ist eben nicht mehr der lebendige Mensch, den ich haben wollte.

Alles, was wir über diese Welt erfahren, gibt Nachricht von dem, was wirklich ist. Das, was »wirklich ist«, kriegen wir selbst nicht in den Griff – Leben und Geist.

4. Kapitel

Die Stunde des Aufruhrs

Die Rotte Korah: Aufstand aus dem Untergrund

> »Und Korah . . . dazu Dathan und Abiram . . . die empörten sich gegen Mose, dazu zweihundertfünfzig Männer unter den Kindern Israel, Vorsteher der Gemeinde, von der Versammlung berufen, namhafte Leute. Und sie versammelten sich gegen Mose und Aaron und sprachen zu ihnen: Ihr geht zu weit . . . denn die ganze Gemeinde ist heilig, und der Herr ist unter ihnen. Warum erhebt ihr euch gegen die Gemeinde des Herrn?
>
> Als Mose das hörte, fiel er auf das Angesicht und sprach zu Korah und zu seiner ganzen Rotte: Morgen wird der Herr kundtun, wer ihm gehört, wer heilig ist und zu ihm nahen soll; wen er erwählt hat, der soll zu ihm nahen.« 4. Mose 16, 1–5

Weil nach der Meinung des gottlosen Menschen Gott keine Macht mehr hat, ist er »vom Fenster weg«. Autorität und Macht gehören zusammen. Wo keine Macht mehr zu sein scheint, da ist auch keine Ehrfurcht. Den Gottverlassenen erkennt man daran, daß Ehrfurcht und Gespür für das Heilige ihm gänzlich fremd sind. Denn Ehrfurcht und Heiligkeit melden die Existenz Gottes, von dem und in dem wir leben. Der Sinn für die echte Autorität, eben die Autorität, die nur Gott allein zukommt, ist verlorengegangen. Autorität gehört jetzt dem Menschen mit Macht. Und dieser Mensch will sich von keinem Gott in sein Leben »hineinreden« lassen. Die moderne Gottlosigkeit ist Kampfansage gegen die Autorität Gottes.

Dieser »Aufstand von unten« kann Gott im Himmel natürlich nicht entmachten. Aber er kann jene schwer treffen, die das Wort Gottes auf dieser Erde bezeugen.

Wir wissen, daß auf dem langen Marsch durch die Wüste das alttestamentliche Gottesvolk mit allen Versuchungen konfrontiert wurde, die man sich überhaupt vorstellen kann. So mußte natürlich auch die Versuchung kommen, die Autorität Gottes durch die Autorität des Menschen zu ersetzen. Nun erhebt man sich gegen die Autorität Gottes nie allgemein. Es gibt kaum oder nur selten den allgemeinen Protest gegen Gott; sondern wer sich gegen Gott auflehnt, lehnt sich da gegen Gott auf, wo es um ganz bestimmte Dinge geht. Zum Beispiel, wenn man sich gegen ein Gebot auflehnt oder die Gemeinde Gottes verfolgt, oder wenn man die Leute bekämpft, die zu einer Aufgabe in der Gemeinde berufen wurden.

Genau das geschah durch die Rebellion des Dathan, Abiram und des Korah mit seiner Rotte gegen Mose. Mose war sicherlich ein autoritativer Mensch. Er führte die Gemeinde. Aber diese Autorität hatte Mose nicht aus sich selbst, sondern sie war ihm *von Gott gegeben.* Und Gott hatte sie durch klare Erwählung und eindeutige Zeichen bestätigt.

Aber die Revolutionäre sagten: Wir wollen nicht die Autorität dieses einen Mannes. Wir wollen die Autorität des ganzen Gottesvolkes. Denn das ganze Volk ist heilig. Das Volk kann sich selbst führen! Und dazu kam die Kritik: Schließlich hatte man das Gelobte Land ja immer noch nicht erreicht. Man war immer noch in der Wüste. Es ging überhaupt nicht recht voran – man wollte endlich Erfolge sehen. Die Führung war schlecht, also mußte eine bessere Führung her. Dathan und Abiram ging es in diesem Aufstand um mehr »demokratische Struktur«, und ihre Klagen richteten sich gegen die politische Führung des Volkes. Von der politischen Führung wünschten sie die Überzeugung, daß Gottes Stimme des Volkes Stimme ist, oder noch besser umgekehrt, daß des Volkes Stimme Gottes Stimme sei. Sie wollten dabei nicht wissen, daß niemals des Volkes Stimme Gottes Stimme ist, sondern daß das Volk unter dem Ruf Gottes steht, der durch die Männer zum Volk kommt, die er dazu auserwählt hat. Immer handelt Gott durch den einzelnen. Aber dieser einzelne handelt nie durch das, was er von Gott erfühlt oder erahnt oder sich erdenkt, sondern nach dem, was Gott ihm aufträgt.

Korah ging mit seinen zweihundertfünfzig Anhängern noch weiter. Er stieß mit seinem Aufstand gleichsam in das Herz der Gemeinde. Korah wollte sich dagegen auflehnen, daß Gott in freier Wahl Menschen in seinen Dienst beruft. Doch kann es ein Amt in der Gemeinde Gottes ohne den Ruf Gottes nicht geben. Daß einer in ein

Amt berufen wird und eben nicht sich selbst beruft, ist ein entscheidendes Element in der Führung der Gemeinde durch Gott. Die innerliche und äußerliche Berufung gehören dabei zusammen. »Wen er erwählt hat«, sagt Mose, der »solle zu ihm nahen!« (4. Mose 16, 6). Mose war erwählt, Korah war nicht erwählt. Vielleicht war Korah von Menschen erwählt, aber in seinem Aufstand gegen das von Mose verkündigte Wort zeigte sich, daß diese Erwählung nicht die Erwählung Gottes war. Wer von Gott erwählt ist, *gehorcht* dem Worte Gottes. Korah verstieß gegen das Erwählungshandeln Gottes. In rückschauender Prophetie des Judasbriefes im Neuen Testament (Vers 10–13) heißt es: »Diese aber lästerten alles, wovon sie nichts wissen . . . Weh ihnen! Denn sie gehen den Weg Kains und fallen in den Irrtum des Bileam um Gewinnes willen und kommen um in dem Aufruhr Korahs. Diese Schandtäter prassen bei euren Liebesmahlen ohne Scheu, weiden sich selbst, sie sind Wolken ohne Wasser, von dem Winde umgetrieben, kahle unfruchtbare Bäume, zweimal erstorben und ausgewurzelt, wilde Wellen des Meeres, die ihre eigene Schande ausschäumen, unstete Sterne, welchen behalten ist das Dunkel der Finsternis in Ewigkeit.«

Der Judasbrief läßt also keinen Zweifel darüber, daß der Ungeist der Rotte Korah immer in der Gemeinde gegenwärtig ist. Und dies sind die Zeichen der Rotte Korah: Ohne Scheu – das heißt ohne Ehrfurcht; sie weiden sich selbst – erheben sich gegen die Erwählung; sie sind Wolken ohne Wasser – leben also ohne geistliche Kraft und täuschen sie nur vor; sie sind unstete Sterne – sie haben keine Ruhe in Gottes Ordnung.

Tiefsinnig hat Mackintosh in seinen »Gedanken zum vierten Buche Mose« diese Haltung des Aufruhrs gedeutet: »Man wird gewöhnlich finden, daß solche, die gern und laut von den Freiheiten, Rechten und Vorrechten des Volkes Gottes sprechen, in Wirklichkeit nur ihre eigene Erhebung und ihren eigenen Vorteil suchen. Nicht zufrieden mit dem ihnen von Gott angewiesenen Werk, suchen sie einen Platz, der ihnen nicht zukommt. Das sind die Wolken ohne Wasser. Das sind die Menschen, die nicht die Kraft des Geistes haben, die nicht aus Gott leben, sondern ausgedörrt sind, die kraftlos im Geist mit Gott hadern und diesen Hader als Empörung in die Gemeinde hineintragen.«

Der Aufstand der Revolutionäre in der Wüste gegen das erwählende

Handeln Gottes war ein Aufstand gegen die Autorität Gottes. Folgende Gesichtspunkte sind dabei von Bedeutung:

1. Der Aufruhr wurzelt in der Klage, daß man immer noch in der Wüste sei, also unter der Autorität des Wortes nicht vorangekommen sei. Das ist Hader gegen die Fügung Gottes! Es ist der Aufstand der »Macher«, denen es mit Gott zu langsam geht.

2. Der Aufstand will das ganze Volk zum Führer machen. Und was das Volk will, das wissen die Revolutionäre allein. Also wollen sie es führen. Gott aber läßt nicht zu, daß die Gemeinde sich selbst führt. Die Gemeinde soll durch sein Wort geführt werden, und nichts anderes hatte Mose getan. Er hatte die Gemeinde durch das Wort geleitet.

Korah und seine Genossen waren noch keine »modernen Menschen«. Aber ihr Aufstand ist typisch, ein Vorbild des Zukünftigen: Das Machbare wird gegen Gott ausgespielt. Der Untergrund erhebt sich gegen das Amt, der Wille des Menschen steht auf gegen das Wort Gottes.

Alttestamentlicher Gottesdienst: Friede durch Opfer

»Dann soll Aaron seine beiden Hände auf dessen Kopf legen und über ihm bekennen alle Missetat der Kinder Israel und alle ihre Übertretungen, mit denen sie sich versündigt haben, und soll sie dem Bock auf den Kopf legen und ihn durch einen Mann, der bereit steht, in die Wüste bringen lassen, daß also der Bock alle ihre Missetat auf sich nehme und in die Wildnis trage; und man lasse ihn in der Wüste.« 3. Mose 16, 21–22

Wenn wir den Sinn alttestamentlicher Opfer erfassen wollen, halten wir uns am besten an den 50. Psalm, in dem es heißt (Vers 13–15): »Meinst du, daß ich Fleisch von Stieren essen wolle oder Blut von Böcken trinken? Opfere Gott Dank und erfülle dem Höchsten deine Gelübde, und rufe mich an in der Not, so will ich dich erretten, und du sollst mich preisen«, und dann zum Schluß (23) heißt es: »Wer Dank opfert, der preiset mich, und das ist der Weg, daß ich ihm zeige das Heil Gottes.«

Sinn des alttestamentlichen Opfers ist also zunächst: Gott danken für alles, was wir von ihm haben. Das Opfer, durch das Gott – menschlich gesprochen – etwas gegeben wird, soll deutlich machen, daß wir von ihm und in ihm leben. Gott kann das Leben geben und er kann es nehmen – wir haben es allein durch ihn.

Bedeutender als das Dankopfer war in Israel das Schuldopfer.

Wenn Schuld da ist, dann muß sie weggenommen werden, damit sie aufhört, ihr zerstörerisches Werk weiter zu treiben. Schuld trennt von Gott. Die Opferpraxis des Alten Testamentes hatte den Sinn, Schuld regelrecht wegzutragen.

So war am Jom Kippur, dem großen Versöhnungstag der Gemeinde, folgende Opferpraxis vorgeschrieben: Es mußte vor der ganzen Gemeinde ein Ziegenbock herbeigeschafft werden. Dem legte dann Aaron seine Hände auf und bekannte alle Sünden der Gemeinde und legte sie gleichsam diesem Bock auf den Kopf. Dann wurde der Bock von einem Mann in die Wüste geführt, so daß er alle Sünden des Volkes in die Wüste wegtrug (3. Mose 16, 21ff.).

Natürlich kann ein Bock nicht die Sünden der Welt wegtragen, auch nicht die Sünden eines Volkes und auch nicht die Sünde eines einzelnen. Und natürlich hatte das alttestamentliche Gottesvolk das auch gewußt. Über den tieferen Sinn dieser Opferhandlungen schreibt Mackintosh in seinen »Gedanken zum dritten Buche Mose«: »Aufgrund dieses Versöhnungswerkes – sei es im Vorausblick oder im Rückblick – hat Gott nun schon beinahe sechstausend Jahre lang diese Welt mit Langmut getragen. Kraft dieser Versöhnung leben, weben und sind (Apg. 17, 28) die gottlosesten, die trotzigsten und lasterhaftesten Menschen. Selbst den Bissen, den der öffentlich lästernde Ungläubige in den Mund steckt, verdankt er der Versöhnung, die er nicht kennt und die er verspottet. Die Sonnenstrahlen und die Regenschauer, die die Felder des Gottesleugners fruchtbar machen, sind der Kraft des Versöhnungswerkes Christi dienstbar. Ja selbst den Atem, den die Ungläubigen und die Gottesleugner schöpfen, um die Offenbarung Gottes zu lästern oder sein Dasein zu leugnen, verdanken sie dem Versöhnungswerk Christi.«

Würde Schuld nicht gesühnt, dann gäbe es keine Gerechtigkeit. Wir verlangen nach Gerechtigkeit und leiden unter der Ungerechtigkeit. Wir hoffen, daß dieses Weltall von der Gerechtigkeit Gottes umfangen wird und daß wir nicht durch die Brutalität eines sinnlosen Schicksals hin- und hergeworfen werden. Die Botschaft der Bibel ist, daß es die Gerechtigkeit Gottes gibt. Aber diese Gerechtigkeit Gottes muß verlangen, daß Schuld gesühnt wird. Wenn die Schuld nicht gesühnt würde, gäbe es keine Gerechtigkeit Gottes auf dieser Erde.

Wenn wir glauben, daß Schuld gesühnt werden muß, weil Gott gerecht ist, wissen wir auch, daß Gott stärker ist als die Mächte des Bösen, die die Schuld verursachen und die die Schuld wuchern lassen. Triumphierend kann Calvin in seinem »Genfer Katechismus« schreiben: »Alles steht unter seinem Gebot und ist ihm zu Diensten nach seinem Wohlgefallen. Sind ihm denn ebenso die Teufel und die Gottlosen untertan? Wenn er sie auch nicht durch seinen Heiligen Geist lenkt, so hält er sie doch so fest im Zaum, daß sie sich ohne seine Erlaubnis nicht einmal rühren könnten. Und er zwingt sie sogar, selbst gegen ihre Absicht und ihre Vorhaben, seinen Willen zu vollstrecken.«

Weil wir um die Versöhnung wissen – wissen, daß Schuld weggetragen wird und daß dieses Wegtragen der Schuld sichtbar wurde in Christi Leiden am Kreuz, haben wir Frieden mit Gott, obgleich wir Sünder sind.

Schuld, die nicht bekannt wird, lähmt unser Leben. Damals hat Israel die Schuld bekannt und auf den Sündenbock gelegt und fand Frieden. Die Schuld wurde weggenommen. Wir bekennen unsere Schuld vor Gott und sehen auf das Kreuz und denken daran, daß Christus diese Schuld schon weggetragen hat. Er hatte sie schon weggetragen, als damals die Israeliten opferten. Denn das Opfer am Kreuz ist der Inbegriff aller Opfer, die im Glauben des Gottesvolkes dargebracht wurden.

5. Kapitel

Am Ende: Der Blick in die Zukunft

Die Zukunft ausrechnen heißt, vor der Zukunft erschrecken

> »Aber die Männer, die mit ihm hinaufgezogen waren, sprachen: Wir vermögen nicht hinaufzuziehen gegen dies Volk, denn sie sind uns zu stark. Und sie brachten über das Land, das sie erkundet hatten, ein böses Gerücht unter die Kinder Israel und sprachen: Das Land, durch das wir gegangen sind, um es zu erkunden, frißt seine Bewohner, und alles Volk, das wir darin sahen, sind Leute von großer Länge. Wir sahen da auch Riesen, Enaks Söhne aus dem Geschlecht der Riesen, und wir waren in unseren Augen wie Heuschrecken und waren es auch in ihren Augen.« 4. Mose 13, 31–33

Als das israelitische Gottesvolk seinen Marsch durch die Wüste fast beendet hatte, nach zweijähriger Wüstenwanderung, und vor dem Eintreten in das Gelobte Land stand, schickte man Kundschafter aus. Diese Kundschafter sollten erfahren, ob es möglich sei, das von Gott verheißene Land wirklich zu erobern. Zwölf Männer blieben vierzig Tage unterwegs und durchquerten das Land Kanaan, etwa das Gebiet des heutigen Staates Israel. Als sie zurückkamen, brachten sie Schreckensmeldungen mit. Zunächst hatten sie zu vermelden, daß das ihnen verheißene Land ein wunderschönes Land ist. Aber leider waren starke Völker darin. Die Kundschafter sprachen sogar von Riesen und von großen und festen Städten, so daß sie sich klein wie Heuschrecken vorgekommen seien.

Als man diese Meldungen hörte, war man verzweifelt. Wie immer auf der Wüstenwanderung, wenn es nicht so ging, wie man wollte, brachen Hader auf und der uralte Wunsch, zurückzukehren nach Ägypten: Wäre doch alles nicht geschehen!

Nur zwei von den zwölf Kundschaftern blieben fest: Kaleb und Josua. Sie vertrauten auf Gott und bekannten sich vor der Gemeinde zu der Hoffnung, daß Gott sie selbstverständlich in das Land, das er ihnen verheißen hatte, auch hineinführen würde. Es wäre Sünde, an den Verheißungen Gottes zu zweifeln: »Wenn der Herr uns gnädig ist, so wird er uns auch in das Land bringen und es uns geben, ein Land, darin Milch und Honig fließt. Fallet nur nicht ab von dem Herrn und fürchtet euch vor dem Volk dieses Landes nicht . . .« (4. Mose, 14, 8–9).

Aber das Volk hatte eben keinen Glauben, und es war drauf und dran, Josua und Kaleb zu steinigen. Gott bewahrte beide davor. Er strafte das Volk dadurch, daß es weitere achtunddreißig Jahre in der Wüste bleiben mußte und daß keiner von denen, die damals erwachsen waren, je das Gelobte Land betreten sollte. Nur Josua und Kaleb würden den Jordan überschreiten und erfahren, was es heißt, daß der Wille Gottes sich allen Widerständen zum Trotz durchsetzt.

Was Gott verheißen hat, das soll man nicht ausrechnen. Daß Kundschafter ausgesandt wurden, war sicher nicht der ursprüngliche Wille Gottes. Gott hatte es nur zugelassen, nachdem nun schon der Zweifel über das Volk gekommen war. Wer die Zukunft ausrechnen will, will sich letzten Endes *auch von Gott* ein Bild machen. Er verfällt damit in die uralte Sünde der Abgötterei. Nur Gott kennt die Zukunft, und nur er hat die Freiheit, unser Leben in diese Zukunft hineinzuführen.

Wir können uns Gedanken über die Zukunft machen, Entwicklungen abschätzen und dementsprechend handeln. Im Blick auf die Weltsituation heute wissen wir, daß der Planet Erde zum Tode verurteilt ist, wenn wir so weiterleben, wie wir bis jetzt gelebt haben. Wir müssen auch im Blick auf die Zukunft erkennen, daß uns – wie F. R. von Weizsäcker anläßlich einer Bonhoeffergedenkfeier 1976 erklärte – die eigentlichen und schweren Prüfungen der Menschheit noch bevorstehen. Das alles können und müssen wir sehen.

Aber damit ist die Zukunft nicht ausgerechnet in dem Sinne, daß wir eine Möglichkeit hätten, etwa festzustellen, »wir gehen alle vor dem Jahre 2000 unter« oder »wir werden mit allen Problemen fertig, uns kann nichts passieren«.

Die Zukunft bleibt offen.

Die Zukunft steht in Gottes Hand.

Die Bewältigung der Zukunft ist Sache des Vertrauens zu Gott. Der

Unglaube beginnt immer damit, daß man nur die Schwierigkeiten sieht. Wo aber nur Schwierigkeiten gesehen werden, werden sie zu Abgöttern gemacht. Wer an Gott zweifelt, sieht die Zukunft falsch: Da werden für die Kundschafter Städte zu Riesenstädten, da werden überhaupt die Menschen in jenem Lande zu Riesen, und die Gläubigen fühlen sich so klein wie Heuschrecken. Die Konsequenz ist: Mit dem Zweifel kann man nicht weiterleben.

Zweifel angesichts der Zukunft hatte schließlich auch Mose. Diese Sache ist auf dem langen Marsch durch die Wüste vielleicht die erschütterndste Begebenheit überhaupt. Der Führer des Volkes, von Gott selbst auserwählt, wankt. Und doch ist diese Aussage für uns auch eine der tröstlichsten Aussagen, die es im Blick auf diesen langen Marsch durch die Wüste gibt. Gott regiert sein Volk nicht durch *Helden* und vermittels hervorragender menschlicher Aktivität. Nicht den auserwählten Männern gebührt Ruhm und Ehre, sondern Gott allein. Ihr menschliches Versagen, ihre Verfehlungen Gott gegenüber verschweigt die Bibel nicht. Eben deswegen ist die Bibel solch ein realistisches Buch. Der biblische Realismus kennt keine Helden, sondern nur von Gott getragene Männer. Und alles, was diese Männer zu tun vermögen, geschieht einzig und allein aus der Kraft Gottes.

Es wird uns berichtet (4. Mose 20, 10), daß das Volk wieder einmal ohne Wasser war und zu Gott wieder einmal schrie – und wieder einmal haderte. Und Mose war wieder einmal der Vermittler. Er betete und bekam Antwort. Und diese Antwort bedeutete ihm, vor den Felsen zu treten. Vielleicht war es der Felsen, der nach der Überlieferung das Volk begleitete und von dem Mose bei Massa und Meriba dem Volk schon Wasser gegeben hatte.

Aber Mose redete nicht mit dem Felsen vor dem Volk. Das heißt, Mose betete nicht. Er verhielt sich erstaunlich merkwürdig. Zusammen mit Aaron fragte er das murrende Volk: »Werden wir euch Wasser bringen aus dem Felsen?« Und dann redete er eben nicht zu dem Felsen (das heißt, er betete nicht), sondern er schlug mit seinem Stab zweimal an die Felsenwand.

Ist das so wichtig? Ist das nicht eine pingelige Kleinigkeit? Sollte man angesichts dieses »kleinen Fehlverhaltens« von einer Sünde des Mose sprechen? Wurde Mose *deswegen* davon ausgeschlossen, das verheißene Land zu betreten?

Die Sünde des Mose ist schwerwiegend. Wir können sie in zwei Punkten zusammenfassen:

1. Aaron und Mose tragen Zweifel: Werden wir es schaffen? Und sie vergessen angesichts eines Schrittes in die Zukunft, daß Gottes Verheißung unbedingt gilt. Sie gilt auch für dieses murrende und zweifelnde Volk, das sicherlich zu einer fast untragbaren Bürde für Mose geworden war. Sollte wirklich dieses hadernde Volk von Gott gestärkt werden? Sollte Gott wirklich nicht müde geworden sein an diesem Volk? Sollten wir es schaffen, diesem Volk Wasser zu geben? Mose und Aaron sehen auf *sich* – in dem Maße, wie sie nicht mehr daran glauben, daß Gott auf das Volk sieht: Schatten des Zweifels stehen über Mose und Aaron.
2. Sicherlich ist es dieser Zweifel, der sie zu einer Aktivität treibt, die von ihnen nicht gefordert war. Mose schlug zweimal gegen den Felsen. Man könnte – modern gesprochen – sagen: er trommelte mit den Fäusten gegen den Felsen. Es ist nicht die frühere ruhige Gelassenheit und vertrauensvolles Beten, sondern gequältes, zweifelndes Aufschreien. Hier bricht eigenmächtige Aktivität durch, Mißtrauen und Ungeduld.

Bedenken wir noch einmal: Mose war kein Held. Er erhob auch keinen Anspruch darauf, ein Held zu sein. Als er gerufen wurde zu seinem Auftrag (2. Mose 3, 11), sagte er: »Wer bin ich, daß ich zum Pharao gehe . . .?« Er ist immer ein Empfangender gewesen. In 4. Mose 12, 3 heißt es, daß Mose ein bescheidener Mann war. Hier steht er in einer Linie mit den Propheten, die sich nicht selbst vordrängten, sondern von Gott gerufen wurden.

Der Heilige Krieg: Glauben heißt kämpfen

> »Und Mose wurde zornig über die Hauptleute des Heeres, die Hauptleute über tausend und über hundert, die aus dem Feldzug kamen, und sprach zu ihnen: Warum habt ihr alle Frauen leben lassen? Siehe, haben nicht diese die Kinder Israel durch Bileams Rat abwendig gemacht, daß sie sich versündigten am Herrn durch den Baal-Peor, so daß der Gemeinde des Herrn eine Plage widerfuhr? So tötet nun alles, was männlich ist unter den Kindern, und alle Frauen.«
>
> 4. Mose 31, 14–17

Es kann keinen Frieden zwischen Glauben und Unglauben geben. Dieser Kampf zwischen Glauben und Unglauben wird im Alten Testament so realistisch gesehen, daß viele Gegner des Alten Testamentes eben von »alttestamentlichem Haß« (so u. a. Goebbels) sprachen oder den Gott des Alten Bundes als Sadisten (so viele moderne Psychologen!) aburteilten.

Als die Israeliten auf ihrem Zug durch die Wüste auf den Widerstand der Midianiter stießen, wurde ihnen geboten (4. Mose 31), einen radikalen Krieg gegen dieses Volk zu führen. Dabei muß man wissen, daß vorher Bileam, ein abgefallener Prophet, der für Geld weissagte und im Neuen Testament als Vorbild des endzeitlichen Antichristen gilt, den Israeliten den teuflischen Rat gegeben hatte, sich mit anderen Völkern zu vermischen, und sie damit zur Abgötterei verführt hatte. Schon hatten die Israeliten mit den Moabitern (die mit den Midianitern stammesverwandt waren) Abgötterei getrieben. Schon war das Gift des Heidentums in das Gottesvolk eingesickert. Das war die Situation, als es zum Krieg mit den Midianitern kam. In diesem Krieg siegte Israel.

Nun aber ist es für uns unverständlich, daß ein Volk im Krieg sich schuldig machen soll, wenn es an den Besiegten nicht totale Rache übt, und daß es den Vorwurf hören muß (4. Mose 31, 15): »Warum habt ihr alle Weiber leben lassen?« Der Krieg gegen die Midianiter sollte – nach Gottes Gebot – ein totaler Krieg sein, der nicht nur gegen die wehrfähigen Männer des Feindes, sondern gegen das ganze Volk, auch gegen Frauen und Kinder geführt wurde.

Der totale Krieg war in Israel ein heiliger Krieg. An ihm durften nur die Gläubigen teilnehmen. Sie alle sollten dessen gewiß sein, daß in diesem Kriege Gott selbst handelt. Deswegen konnte der Prophet Jesaja später (30, 15) sagen, daß *Gott für das Volk streitet.* Und jeder Kampf war nach Jesaja (31, 1) ein Kampf zwischen Geist und Fleisch. Hier ging es nicht um »bloße Politik«, sondern um den Kampf zwischen Gott und den Abgöttern, um Lüge oder Wahrheit, Sein oder Nichtsein. Und in jedem dieser Kriege gab es den Befehl der Ausrottung. Und dieser Befehl der Ausrottung erstreckte sich auch auf Frauen und Kinder, und man konnte eine schwere Sünde begehen, wenn man das, was »gebannt« war – also im Schwur Gott übergeben war – leben ließ oder als Beute für sich behielt. Es gab keine persönliche oder allgemeine Beute oder Bereicherung. Der

Krieg war nur Opfer. Weil Gott kämpfte, gehörte der Sieg ihm, und alles, was erobert wurde, mußte Gott als Opfer dargebracht werden.

Damals bekam Israel durch eine besondere Offenbarung den Auftrag, solche Kriege zu führen; und Israel wurde Werkzeug des Zornes und der Vergeltung Gottes. Es sollte die Greuel eines dämonischen Heidentums bestrafen. Der Heilige Krieg Israels war immer zunächst Zeichen für die vergeltende Gerechtigkeit Gottes in der Geschichte.

Hiermit verkündigt die Geschichte eindeutig den Zorn Gottes. Wenn Gott ein Gott der Gerechtigkeit ist, dann ist er auch ein zürnender Gott. Und wenn die Gerechtigkeit einen Sinn haben soll, dann muß es auch die Vergeltung geben. Jede Verletzung der Gerechtigkeit und Heiligkeit ist ja eine Verletzung des Lebensgesetzes, unter dem dieser Kosmos steht. Und es wäre Ohnmacht Gottes und damit Bedrohung der Welt durch die Chaosmächte, wenn nicht jeder Aufstand gegen die Gerechtigkeit und Heiligkeit Gottes geahndet würde. Von daher gesehen ist Gott auch ein Gott der Rache.

Der Auftrag zum Heiligen Krieg, wie er im Alten Testament gegeben war, gilt heute nicht mehr. Dazu fehlt die besondere Offenbarung Gottes. Im Neuen Bund, also in der Welt des Neuen Testamentes, ist der Kampf ein anderer. Im 6. Kapitel des Epheserbriefes (V. 12) werden wir darüber belehrt, daß wir, weil wir nicht mit Fleisch und Blut kämpfen, uns ausrüsten sollen mit dem Worte Gottes, dem Heiligen Geist und dem Glauben als den Waffen, denen der Sieg beschieden sein wird.

Aber etwas Wesentliches können wir aus dem Heiligen Krieg in Israel lernen: Es gibt auch in diesem Geistes- oder Glaubenskampf, den wir führen, keinen Kompromiß. Jeder Zweifel kommt aus dem Kompromiß. Wenn wir nicht klar den Weg des Vertrauens und Gehorsams gehen, sind wir ein schwankendes Rohr. – Wenn wir aber den Weg in der Konsequenz unseres Glaubens gehen, werden wir nicht ohne Kampf sein.

In seinen »Gedanken zum 4. Buche Mose« schreibt Mackintosh: »Es ist unsere Aufgabe, als Fremde und als Pilger durch diese Welt zu gehen, mit der wir nichts anderes zu tun haben sollen, als in ihr die geduldigen Zeugen der Gnade Christi zu sein und so in der uns umgebenden Finsternis als Lichter zu scheinen. Leider halten wir nur allzuoft diese scharfe Trennung nicht aufrecht. Wir lassen uns in Verbindungen mit der Welt ein und kommen dadurch in Unruhe und in Kämpfe, die eigentlich gar nicht zu unserer Aufgabe gehören.«

Kampf bedeutet also hier, jede falsche Bindung aufdecken, bewußt machen und abbrechen. Das gilt in bezug auf Menschen wie auf alle »Götzen«. Nicht die Rückversicherung auf unser eigenes Können z. B. und das Planen unseres Weges in die Zukunft ergeben den Weg zum Ziel, sondern – zunächst und vor allem – die Überwindung des Unglaubens in uns selbst.

Am Ende der Wüstenwanderung wurde noch einmal das *große Entweder-Oder* vor das wandernde Gottesvolk gestellt. Damit war das Gesetz des großen, langen Marsches erkannt. Mose sagt voraus (5. Mose 28), was geschehen wird, falls das Volk Gott *nicht gehorcht:* Stadt und Land werden verflucht, die Arbeit wird ohne Segen sein. Unfall, Unruhe, Unglück, Wahnsinn, Blindheit und Rasen des Herzens werden das Volk überfallen. Es wird unter alle Völker zerstreut werden und unter der Knechtschaft fremder Götter leiden. Es wird erleben, wie der Tempel zerstört wird, den es im verheißenen Lande einmal aufbauen sollte – (Die Zukunftsaussagen Moses haben unheimlich genau ihre Erfüllung gefunden: Der Krieg mit den Assyrern, Babyloniern und Ägyptern, die babylonische Gefangenschaft, die Tempelzerstörungen und schließlich die großen Judenverfolgungen bis ins zwanzigste Jahrhundert hinein werden vorausgesehen.)

Im Blick auf das Schicksal des jüdischen Volkes, seinen »langen Marsch durch die Wüste« und seinen weiteren Weg durch die Geschichte müssen wir festhalten:

1. Dieses Volk ist erwählt zum Gottesvolk, zur Gemeinde Gottes; und diese Erwählung wird niemals aufgehoben.

2. Dieses Volk hat als erwähltes Volk *mit* Gott und auch immer wieder *gegen* Gott gelebt. An seinem Schicksal erkennen wir, daß auch der Erwählte gegen die Sünde nicht gefeit ist.

3. Dieses Volk hat durch seine ganze Geschichte hindurch die Strafe Gottes für Ungehorsam erfahren müssen. Auch die Strafe dafür, daß es Christus verworfen hat.

4. Dieses Volk wird eines Tages zur Gemeinde des Neuen Bundes versammelt werden, wenn diese Welt zu ihrem Ende gekommen sein wird und die Wiederkunft Christi endgültige Erlösung bringt (Gal. 3, 7–9; Eph. 2, 11ff.).

Es ist »der geläuterte Rest der Gläubigen«, der durch alles hindurch treu zum Herrn hält: »Und wird euer ein geringer Haufen übrigbleiben . . .« Diese Erwählten werden alles durchstehen, auch wenn sie mit den Irrenden alles durchleiden müssen, so wie die Glaubenden in der Wüste leiden mußten, weil sie das Geschick der Ungläubigen mitzutragen hatten.

Aber auch wir sind das Feld des Heiligen Krieges. Und es ist eine wichtige Erkenntnis des reformatorischen Christentums, daß dieser Kampf in uns, den Erwählten des Neuen Bundes, kein Ende findet. Es ist wundervoll zu lesen, wie biblischer Realismus in der Confessio Scotticana – also im Bekenntnis der schottischen reformierten Kirche – im 13. Kapitel – deutlich wird:

»Denn sobald der Geist unseres Herrn Jesus Christus, den die erwählten Kinder Gottes durch den Glauben empfangen, von dem Herzen irgendeines Menschen Besitz ergreift, übt er an ihm beständig sein wiedergebärendes und erneuerndes Werk, so daß er zu lieben beginnt, was er vorher gehaßt hat und zu hassen, was er zuvor geliebt. Daraus geht in Gottes Kindern jener nie ruhende Krieg des Geistes gegen das Fleisch hervor, da das Fleisch und der natürliche Mensch, seiner verderbten Art gemäß, die seiner Natur entsprechenden Lüste und Genüsse begehrt, durch Widerwärtigkeiten bedrückt und gebeugt, durch Glücksfälle erhoben wird und in jedem Augenblick zur Empörung gegen Gottes Majestät sofort geneigt ist. Daß wir aber den unziemlichen Regungen widerstehen, daß wir vor Gott seufzen und wir von dieser Knechtschaft des Verderbens befreit zu werden wünschen, daß wir so der Sünde Herr werden, daß sie in diesem sterblichen Leibe nicht regieren kann, das ist die Gabe des Geistes Gottes, der unserem Geist bezeugt, daß wir Gottes Kinder sind. – Die dem Fleisch verhafteten Menschen aber, die den Geist Gottes nicht kennen, kennen auch solchen Streit nicht. Sie folgen ihrer Verkehrtheit, und wohin Satan und ihre böse Lust sie treiben, dahin eilen sie begierig und ohne Bedenken. *Gottes Kinder* hingegen kämpfen, kämpfen – wie gesagt – gegen das Fleisch, seufzen und flehen, sooft sie merken, daß sie von Versuchungen gereizt und gelockt werden. Und wenn sie fallen, stehen sie in wahrer und ungeheuchelter Buße wieder auf; aber auch das vollbringen sie nicht aus eigener Kraft, sondern durch die Kraft unseres Herrn Jesus Christus, ohne den wir überhaupt gar nichts vermögen.«

Es ist die Überwindung, die zum Ziel führt. So gilt es für die Gemeinde, und so gilt es auch für jeden einzelnen. Der lange Marsch durch die Wüste sollte zeigen, daß uns unser Versagen nie entmutigen sollte. Sicherlich werden wir immer wieder hindurchmüssen durch die Herausforderungen, wie auch das alttestamentliche Gottesvolk hindurchmußte. Aber gleich ihm werden wir aus jedem Versagen, aus jedem Zweifel, ja sogar aus dem Hader durch die Kraft des lebendigen Gottes herausgeführt, wenn wir uns ihm in Buße zuwenden. Es geht um das Dennoch des Vertrauens! Gott hat uns aus Liebe erwählt; und er läßt seine Kinder nicht, sondern führt sie durch die Zwiespältigkeit dieser Welt hindurch zu ihrem ewigen Heil.

6. Kapitel

Damals und heute

(Exkurs zum 2. Hauptteil)

Damals in Ägypten

Je weiter die archäologische Forschung voranschreitet, um so deutlicher wird, daß die Aussagen des Alten Testamentes genau die Verhältnisse der damaligen Welt treffen. So hat zum Beispiel die *Ägyptologie* für ihren Bereich die Berichte des Alten Testamentes bestätigt. Bis in die Einzelheiten der Darstellung und manchmal auch der Redewendungen hinein zeigt sich sogenanntes ägyptisches »Lokalkolorit«. *Bei den Aussagen des Alten Testamentes steht man nicht auf dem Morast des Mythos, sondern auf dem Boden der geschichtlichen Tatsachen.* Was früher Mythos oder Sage oder Märchen zu sein schien, ist heute – im Blick auf die gegenwärtige Forschung – als geschichtliche Tatsache erwiesen. Küssen als Zeichen der Verehrung, Gebräuche beim Essen – z. B. daß man dem Pharao etwas ins Ohr sagte; das Amt des Obermundschenks und des Oberbäckers – dies sind nur einige kleine Beobachtungen des Details – vielleicht früher unverständlich und sagenhaft – heute ein Beweis dafür, wie sehr die Wirklichkeit von damals eingefangen wurde. Wer sich einen genauen Einblick verschaffen möchte über die Welt Ägyptens zur Zeit des israelitischen Auszugs, wer sich insbesondere auseinandersetzen möchte mit der Frage, unter welchem Pharao und wann die Israeliten aus Ägypten ausgezogen sind, dem sei das zweibändige Werk von D. Courville »The Exodus Problem« (1971) empfohlen. Auch dieses Buch ist – wie leider viele andere Forschungen in diesem Bereich – aus dem amerikanischen Sprachraum und nicht ins Deutsche übersetzt.

Das Passahfest

Die Israeliten haben den Auszug aus Ägypten bis heute in Erinnerung behalten. »Sind wir in ewiger Freiheit ...« heißt es jubelnd im Gottesdienst des jüdischen Passahfestes.

Der wichtigste Teil dieses Festes ist das gemeinsame Mahl am Abend vor dem eigentlichen Passahfest. Alle Einzelheiten sind genau festgelegt. Bedeutsam ist, daß ungesäuertes Brot gegessen wird. Dieses ungesäuerte Brot, das mit bitteren Kräutern dargereicht wird, soll aber nicht nur an das Elend und an die Armut in der damaligen Auszugssituation in Ägypten erinnern, sondern es soll vor allem ein Zeichen der Reinigung sein. Zur Zeit des Passahfestes wird jeder Jude sein Haus gründlich reinigen. Bei all diesen äußeren Gegebenheiten soll man natürlich daran denken, daß es um die innere Reinigung des Menschen geht. Sauerteig ist im Neuen Testament durchgängig Zeichen für die Verunreinigung des Menschen oder der Gemeinde.

Beim Passahmahl selbst bleibt immer ein Platz frei für den Propheten Elia, der ja kommen soll, bevor der Messias erscheint. Nun ist für den christlichen Glauben Elia in der Gestalt Johannes des Täufers schon erschienen, und der erwartete Messias ist Christus selbst. In der Mahlfeier der Christen, also in der Feier des Abendmahls, das ja das Passahmahl abgelöst hat, ist der verheißene Erlöser unter dem Zeichen des Brotes und des Weines schon in ihrer Mitte. So ist das Abendmahl für die Christen Erinnerung an das Liebesopfer Christi, das ihnen Freiheit von Schuld brachte, und Freude an der Gemeinschaft mit dem auferstandenen Heiland, auf dessen endgültiges Wiederkommen sie warten.

Wie heißt Gott?

Mose empfängt beim brennenden Dornbusch (2. Mose 3, 1–15) den Namen Gottes. Der Name ist »Jahwe«. Das Wort Jahwe kann in mancherlei Weise übersetzt werden: »Ich bin, der ich bin« oder »das Sein bin ich« oder »sein oder sein lassen« oder »ins Dasein rufen« oder »er ist« oder »er ruft ins Sein«.

Sinn all dieser Beantwortungen ist: Gott ist das Sein – besser: Gott steht hinter allem, was existiert. Für Gott selbst gibt es keine Ursache – aber ohne ihn kann nichts sein. Die Welt ruht nicht in sich, sondern in Gott. Wenn Lenin sagt, daß die Materie unendlich sei in der Weite und in der Tiefe, dann ist das die Herausforderung des biblischen Gottesglaubens. Unendlich in der Weite und in der Tiefe ist allein Gott. Alles andere ist endlich und begrenzt und von ihm geschaffen. Seit je hat man ergründen wollen, was hinter der Vielfalt der Erscheinungen steht. Für die griechischen Philosophen war es abwechselnd das Wasser, das Feuer, die Erde, die Luft, das Atom oder die Idee. Ganz anders sieht es das Alte Testament. Hier ist alles von Gott geschaffen, und nur er ist ewig, und nur er ist unendlich. Neben diesem Gott gibt es keine Götter. Die Ungläubigen (Jer. 2, 5), die den Göttern nachlaufen, laufen dem Nichts nach. Ein Prophet wie Elia kann sich über die Götter lustig machen, wenn er den Götzendienern, die schreiend um ihren Abgott herumtanzen, zuruft: »Er ist doch ›Gott‹! Er könnte beschäftigt sein! Er könnte beiseite gegangen sein oder verreist sein! Vielleicht schläft er und wacht dann auf!« (1. Kön. 18, 27). – Aber die Götzen sind nicht nur *nichts!* Weil der Mensch in den Götzen das Nichtige *anbetet,* sind die Götzen Werkzeuge des Dämonischen. Sie bedrohen auch heute in vielfältiger Weise unser Dasein. Aus Anbetung wird Abhängigsein. Das Gebundensein an okkulte Geister – heute weit verbreitet – zerstört ebenso wie das Verhaftetsein an materielle Güter oder an das Ich unsere Kirchen, Familien, Staat und Wirtschaft. Echtes Leben gibt es nur in Gott, und das bedeutet Auszug aus der Welt der nichtigen Dämonie. Gott, der allein der Anbetung und des völligen Vertrauens würdig ist, hilft einem jeden, der sich ihm naht, zu überwinden und aus dem Bereich der Götzen auszuziehen.

. . . wie verpflegte man ein so großes Volk vierzig Jahre lang in der Wüste, auch wenn die Sinai-Halbinsel damals noch nicht so trocken war, wie wir sie kennen? Drei Millionen Israelis müssen heute in Palästina alle modernen Techniken anwenden, um überleben zu können!«

Wunder in der Wüste

Fälschlich spricht man allgemein vom Durchzug durch das Rote Meer. Das Hebräische kennt aber kein Rotes Meer. Die Rede ist ausschließlich vom Schilfmeer. Man weiß nicht genau, wo das Schilfmeer lag. Die Bibel gibt auch keine genaueren Angaben.

Heute vermutet man, daß das Schilfmeer etwa in der Nähe der Bitterseen lag, nördlich des Golfes von Suez.

Damals waren diese Bitterseen durch Kanäle mit dem Roten Meer verbunden und damit abhängig von Ebbe und Flut. Eine rationalistische Deutung meint, daß gerade Ebbe war, als die Israeliten durch die Bitterseen durchzogen, und daß die Ägypter dann bei der Verfolgung von der Flut überrascht wurden.

Aber von solch einem Flut-Ebbe-Phänomen ist in der Bibel nicht die Rede. Der Bericht im zweiten Buche Mose spricht ganz eindeutig von einem Wunder. Mose benutzte seinen Stab, und – gerade das ist ja die besondere Aussage in diesem Bericht des Alten Testamentes – das Wasser stand wie Säulen zu beiden Seiten. Das bedeutet aber nicht, daß natürliche Ereignisse nicht in die Wundertaten Gottes einbezogen sein könnten. Das soll durch folgendes Beispiel gezeigt werden.

Unter anderem wurden die Israeliten auch durch Wachtelschwärme vor dem Hungertod bewahrt. Schon in der antiken Welt wurde durch Herodot, Aristoteles und Plinius auf diese Wachtelschwärme hingewiesen. Die Tiere hatten, wenn sie die Sinai-Halbinsel erreichten, einen langen Flug hinter sich, denn sie kamen aus Äthiopien – wo sie den Winter verbracht hatten – wieder nach dem Norden zurück. Nach dem langen Flug setzten sie sich erschöpft nieder und waren daher leicht zu fangen. (Noch heute muß Ägypten Schutzbestimmungen für diese Tiere erlassen.)

Durch diese natürlichen Zusammenhänge sind die Wunder selbstverständlich nicht erklärt. Es ist ja die jeweilige Naturerscheinung zu der Zeit und an dem Ort zur Stelle, die Gott bestimmt. Wenn er als der Allmächtige die Geschehnisse des Kosmos durch seinen Willen leitet, dann wird er selbstverständlich auch natürliche Ursachen zur Verwirklichung seines Willens benutzen.

Im weitesten Sinne ist alles ein Wunder, die Entstehung der Erde, des Lebens und die Erhaltung der ganzen Welt. Durch kein Begriffssystem können wir das »Funktionieren« des Kosmos erklären. Im engeren Sinne sprechen wir von einem Wunder, wenn Gott ein ganz besonderes Zeichen setzen will. Dann spricht Gott uns unmittelbar durch ein äußeres oder inneres Ereignis an. Wunder sind ein

Zeichen der Freiheit Gottes, ein Hinweis auf seine andere Dimension. Gottes Wunder unterscheiden sich von denen der Dämonenwelt – auch hier gibt es Wunder – durch das Offenbarwerden seiner Güte und Barmherzigkeit.

Der goldene Stier ist mitten unter uns

Ein Stichwort unserer Zeit lautet »Sensitivity-Training«. Wichtiges Buch dazu: W. Back »Beyond Words. The Story of Sensitivity-Training and Encounter movement« (1972). Sensitivity-Training ist der Weg, um Gefühle zu wecken, zu steigern und zu dämpfen – vor allem aber um sie zu lenken und dann ganz zu beherrschen.

Dazu spielen folgende Faktoren eine Rolle. Zunächst muß der Mensch verwundbar gemacht werden. Er muß nach Möglichkeit so geschockt werden (meistens durch aufregende Bilder und stimulierende Musik), daß er empfindlich wird. Seine Gefühle werden auf den Siedepunkt gebracht. Und dann setzt die sogenannte Indoktrination ein, das heißt: in diese »aufgebaute Gefühlswelt« werden Meinungen, die man durchsetzen will, hineinsuggeriert. Bei möglichst weitgehender Ausschaltung der Persönlichkeit (seines Bewußtseins, seiner Urteilskraft) soll der Mensch durch raffinierte Manipulation der Gefühle für einen ganz bestimmten Zweck gewonnen werden. Im Prinzip geht es also darum, den Menschen unbesonnen zu machen und seine Emotionen in eine gewünschte Richtung zu lenken, um seine Aktivität dann für einen bestimmten Zweck auszunutzen.

Der Vergleich mit dem Tanz um den goldenen Stier legt sich nahe. Auch hier wurde durch ekstatischen Kult das Volk in Verwundbarkeit und Unruhe gebracht, dann in die Empörung, die sich gegen Mose richtete, und schließlich in die völlige Unterwerfung unter den Abgott. Wesentlich dabei ist immer: Nichts darf ablenkend wirken, man muß dem Initiator dieses gruppendynamischen Prozesses ganz ausgeliefert sein. Die personale Begegnung mit Gott, das Gebet, das in uns Ordnung schafft und das Chaos überwindet, ist der größte Feind dieser gräßlichen Manipulation unserer Seele, der so viele hilflos erliegen.

Alter Bund – Neuer Bund

Ein Grundsatz für die christliche Gemeinde ist, daß die Zeremonialgesetze des Alten Testamentes nicht mehr praktiziert werden. Alles, was Opferpraxis oder sonst irgendwie an Ritus vorgeschrieben ist, hat Jesus Christus durch sein Leiden, Kämpfen und Sterben erfüllt.

Wer das Neue Testament im Lichte des Alten Testaments liest, der wird das Neue Testament besser verstehen. Und wer das Alte Testament im Lichte des Neuen Testaments liest, wird überhaupt erst anfangen, es zu verstehen.

Das Alte Testament sagt von der Welt, daß sie zwiespältig ist. Die gute Schöpfung Gottes, angefallen durch die Macht des Bösen, steht im Schatten des Bösen. Deswegen sagt Christus, daß die Gemeinde nicht von der Welt ist, daß aber der »Fürst der Welt« besiegt ist und die Gemeinde durch das Leben aus Jesus heute schon zum Reich Gottes gehört und bei Jesu Wiederkommen vollends erlöst werden wird (Eph. 1, 14; Joh. 17, 14 und Joh. 12, 31. 32).

Die Gemeinde muß – das zeigt schon das Beispiel des alttestamentlichen Gottesvolkes – immer eine kämpfende Gemeinde sein. Der Kampf geht gegen die Herausforderung von außen und gegen die Versuchung von innen, denn nicht nur die Welt und die Gottlosen, auch der Glaubende selbst ist zwiespältig, und der Kampf gegen den Bösen geht *durch sein Herz hindurch*. (Es ist wichtig, daß wir den biblischen Realismus erkennen und anerkennen; die Botschaft der Bibel ist keine Illusion, kein »Opium für das Volk«.) Nur in der Kraft Christi wird der Gläubige bestehen können, denn alle Versuchungen, alle unsere Leiden und Kämpfe – auch unser Tod – sind durchlitten von Christus und von ihm in Siege verwandelt. Der Kosmos und die Gemeinde in ihm sind unterwegs auf Jesus Christus zu, sie sind von ihm, durch ihn und zu ihm. Für den Glaubenden geht der Weg durch Leid, Kampf und Tod zur Freude, zum Frieden und zur Auferstehung, denn ER ist das A und das O, der Anfang und das Ende.

In der TELOS-Paperbackreihe erscheinen folgende Titel

1002 Wilhelm Busch
Gottes Auserwählte
1004 Wilder Smith
Ist d. ein Gott d. Liebe?
1005 Fritz Hubmer
Im Horizont leuchtet ...
1008 Fritz Hubmer
Weltreich u. Gottesreich
1010 Erich Wilken
Auf den Spuren ...
1011 Otto Riecker
Herausforderung an ...
1012 Watchman Nee
Freiheit für den Geist
1013 Anny Wienbruch
Der Leibarzt des Zaren
1014 Watchman Nee
Zwölf Körbe voll, Bd. 1
1015 Fritz May
Die Drogengesellschaft
1016 Norbert Fehringer
Thema: Frömmigkeit
1017 Fritz May
Der verfälschte Jesus
1018 Ernst Modersohn
Die Frauen des A. T.
1019 Ernst Modersohn
Die Frauen des N. T.
1020 Paul Müller
Die unsichtbare Welt
1021 Ruth Frey
Arbeit unter Kindern
1022 Oswald Smith
Glühende Retterliebe
1023 Oswald Smith
Ausrüstung mit Kraft
1024 Erich Schnepel
Das Werk Jesu in uns ...
1026 Anny Wienbruch
Im Schatten der Zaren
1027 Watchman Nee
Zwölf Körbe voll, Bd. 2
1028 Watchman Nee
Zwölf Körbe voll, Bd. 3
1029 Werner Krause
Freuet euch allewege
1030 Hel. Good Brennemann
Und doch nicht verges.
1031 Anny Wienbruch
Unt. d. rot. Sonnensch.
1032 Helmut Ludwig
Die Welt horcht auf
1033 E. J. Christoffel
Aus der Werkstatt ...
1035 G. R. Brinke
Jenseitiges u. Zukünft.
1036 Elli Kühne
Da bewegte s. d. Stätte
1039 Alfred Christlieb
Ich freue mich ü. d. Wort
1041 Lon Woddrum
Liebe hofft immer alles
1042 Horst Marquardt
Die Sprache der Gräber
1043 Werner Krause
M. Brüder – d. Indianer
1045 Otto Riecker
Bildung u. Heiliger Geist
1046 Joyce Landorf
Seine beharrliche Liebe
1047 Helen Manning
D. Blutzeugen v. Sengtal
1048 Anny Wienbruch
Ein Leb. f. Gustav Adolf
1049 Werner Krause
Keinen Raum ...
1050 Georg R. Brinke
Die Symbolik d. Stiftsh.
1051 Alfred Kuen
Gem. n. Gottes Bauplan
1053 Jill Renich
Den Ehemann verstehen
1054 Alfred Christlieb
Ich suche, Herr ...
1055 Wilfried Reuter
... und bis ans Ende ...
1056 H. und G. Taylor
D. geistl. Geheimnis ...
1057 Ulrich Affeld
Unter der Treue Gottes
1058 John F. u. E. Walvoord
Harmagedon, Erdöl ...
1059 Heinrich Jochums
Was haben wir an Jesus
1060 Erich Beyreuther
Der junge Zinzendorf
1061 Herbert Masuch
Handbuch ...
1062 Anny Wienbruch
Die fröhliche Familie
1064 Anny Wienbruch
Das sonnige Haus
1065 Anny Wienbruch
Sie waren mir anvertraut
1068 Georg Urban
Carl Peter, Eine Rebe ...
1070 C. H. Spurgeon
Ratschläge für ...
1071 Elsbeth Walch
Tante Lydia w. schon ...
1072 Elsbeth Walch
Zum Glück gibt's ...
1073 Richard Kriese
Okkultismus
1074 Alfred Christlieb
Der Apostel Paulus
1075 H. E. Nissen
... und der Geist schrie
1076 Eduard Ostermann
Zukunft ohne Hoffnung?
1078 James M. Boice
Die letzte und die zukünftige Welt
1079 L. A. T. Van Dooren
Menschen fischen – persönl. Engagement
1080 Anny Wienbruch
Ein König wird frei
1082 Watchman Nee
Der geistliche Christ I
1083 Watchman Nee
Der geistliche Christ II
1084 Watchman Nee
Der geistliche Christ III
1085 Alfred Christlieb
Vollmacht von oben
1086 Fritz May
Israel zw. Weltpolitik und Messiaserwartung
1087 Kurt Scherer
Mit Streß leben
1088 G. Karssen
Mensch, Frau und Mutter in der Bibel
1092 Billy Graham
Engel – Gottes Geheimagenten
1095 F. F. Bruce
Die Glaubwürdigkeit der Schriften des N. T.
1097 Heinrich Jochums
In Jesus haben wir alles
1098 Michael Bordeaux
... und die Ketten ...
1099 A. W. Tozer
Gott liebt keine ...
1100 Watchman Nee
In Hingabe leben
1101 Watchman Nee
Das Bekenntnis
1102 Watchman Nee
Das Zusammenkommen
1103 Watchman Nee
Christus unser Leben
1104 Watchman Nee
Zur Ehre Gottes leben
1105 Watchman Nee
Gemeinschaft der Liebe
1107 M. Griffiths
Mit beiden Beinen auf der Erde
1109 Charles W. Colson
Watergate – wie es noch keiner sah
1113 Tim Simmons
Ehe nach Gottes Plan
1116 Volkmann/Woyke
D. Anruf d. Evangeliums
1117 Neil R. Lightfoot
... aber meine Worte werden nicht vergehen

In der TELOS-Paperbackreihe erscheinen folgende Titel

2001 Ludwig Hofacker
Unter Gottes Schild
2002 Eugenia Price
Mut zum Nachdenken
2003 June Miller
Warum sinken, wenn du schwimmen kannst
2004 Elli Kühne
Mit dem Mantel der Liebe
2005 D. A. T. Pierson
Niemals enttäuscht
2006 Anny Wienbruch
D. Jüngste d. fröhl. Familie
2007 Arno Pagel
Sie wiesen auf Jesus
2008 Arno Pagel
Sie führten zu Christus
2009 Arno Pagel
Sie riefen zum Leben
2010 Don Richardson
Friedens-Kind
2011 Bernard Palmer
Rastlos in der Einsamkeit
2012 T. F. Bjorn
Der Ruf des Lebens
2013 Otto Riecker
... mit 60 fing m. Leben an

TELOS-Wissenschaftl. Reihe
4003 Wilder Smith
Gott: Sein oder Nichtsein?
4005 Wilder Smith
Ursache und Behandlung der Drogenepidemie
4006 Otto Riecker
Das evangelistische Wort
4008 Wilder Smith
Grundlage zu einer neuen Biologie
4009 Whitcomb/Morris
Die Sintflut
4010 Os Guiness
Asche des Abendlandes
4011 John W. Montgomery
Weltgeschichte wohin?
4012 Joseph Chambon
Der franz. Protestantism.
4013 Francis Schaeffer
Wie können w. d. leben?
4014 Evangelisation zur Zeit der ersten Christen

TELOS-Das erweckliche Wort
1900 Alan Redpath
Sieghafter Dienst
1901 Alan Redpath
Leben n. d. Herzen Gottes
1905 Alan Redpath
Geistlicher Kampf
1906 Oswald Sanders
Hundert Tage mit Jesus

TELOS-Geschenkbände
2101 Anny Wienbruch
Das Geheimnis um Zar Alexander
2102 Johann A. Bengel
Das Neue Testament
2103 Bibelpanorama
2104 Johannes E. Goßner
Schatzkästchen
2105 John Bunyan
Pilgerreise zur seligen Ewigkeit